膽小的王子

從山脈到荒原，
那些來自非洲大陸的奇聞軼事

尚金格 著

TIMID PRINCE

你知道可樂果的由來嗎？

螞蟻其實比牛強？

烏龜的殼為什麼看起來滿是裂紋？

為什麼豹子身上長有斑點？

這些事情，非洲民間故事都可以告訴你！

目 錄

目錄

目錄

目 錄

代序

在非洲這片神奇的大陸上,透過口頭和文字記載的故事不計其數。那些代代相傳的口頭民間故事為我們講述了一個個令人難以忘懷的故事。

十九世紀末二十世紀初,流傳在非洲大陸的故事才得以被發掘、被整理。直到今天,在非洲大地,在廣場上、院子裡、大樹下、學校中仍舊可以聽到那些鮮為人知的非洲故事。

這部名為《膽小的王子》的非洲民間故事主要收集非洲撒哈拉沙漠以南國家的故事,從東到西、從西到東、由南向北、由北向南,講述非洲大陸上的點滴故事和動人的篇章。這些故事發生在河流、湖泊、大海、瀑布、大山、森林、沙漠、草原、荒原之上。

透過這些民間故事,可以讓我們了解一個不一樣的非洲。

孤獨的心

（南非）

　　獅子夫婦曾經有三個孩子：一個孩子取名為孤獨的心，另一個孩子取名為父親的心，第三個孩子則為自己取名為母親的心。

　　有一天，孤獨的心碰上一頭野豬，牠特別想把野豬抓住；但是，卻沒有任何動物願意幫助牠，因為牠的名字叫孤獨的心。

　　名叫母親的心的小獅子也碰到一頭野豬。在牠追捕野豬的時候，牠的母親在遠處看到了，便急忙跑過來幫助牠殺掉了野豬。隨後，獅子母子便開始品嚐美味的野味。

　　同樣，父親的心在抓捕野豬的時候，被牠父親看到了，牠父親就急忙前來幫助。牠們父子共同殺死了野豬後，一起開心地品嚐美味的野豬肉。

　　孤獨的心又遇到另一頭野豬，牠抓到了野豬，但是，卻沒能殺死牠；因為沒有動物願意成為牠的幫手。孤獨的心繼續展開自己的捕獵行動，卻依然得不到任何動物的幫助。牠慢慢地開始消瘦，不停地消瘦，直到有一天牠死去了。

　　其他兩隻名叫父親的心和母親的心的小獅子依然生龍活
虎，因為，牠們沒有一顆孤獨的心。

丟失的消息

（奈及利亞）

　　一直以來，螞蟻們有很多的敵人。牠們的個頭太小，容易被其他動物打敗，因而總有大量的螞蟻被殺死。並不只有鳥類是牠們的天敵，食蟻獸的主要食物便是螞蟻，蜈蚣也會利用所有的機會對牠們發起伏擊。

　　螞蟻們以家族為單位生活在世界的各個角落裡。每個家族都有屬於自己的工作任務，並擁有固定和良好的工作方式。所以，螞蟻們總會在同一條道路上辛勤工作。國王也是從牠們當中選出的。螞蟻團隊的分工合作精神，讓牠們可以完成所有繁重的工作任務。

　　但是，每個螞蟻家族都沒有考慮如何進行自我保護，對抗如鳥類和食蟻獸的攻擊。

　　紅色的螞蟻在大地上建造自己的房子並居住在裡面，可是，食蟻獸卻能像玩遊戲一樣在一分鐘內進入牠們花費很多時日建造的房子。白螞蟻居住在地下的洞穴裡，牠們的運氣同樣很差。在牠們爬出洞口的時候食蟻獸出現了，牠把螞蟻從地洞裡挖出來放在自己的背包裡帶回家。鵪鶉螞蟻選擇居

住在大樹上，可是很多次，蜈蚣早已經在等候牠們的到來，小鳥們也是牠們的敵人。灰色的螞蟻則試圖飛到天空中逃脫死亡的威脅，可是，飛行也沒有為牠們帶來安全；因為蜥蜴、蜘蛛和小鳥們總有吃掉牠們的辦法。

因此，螞蟻們決定尋找一個解決方法。牠們聚集在一起召開會議，所有的螞蟻都想到一個解決辦法：當鳥類和其他凶猛的動物進行攻擊的時候，牠們可以躲避到一個安全的地方。

與會的螞蟻有紅色螞蟻、白螞蟻、黑螞蟻、鵪鶉螞蟻、灰色螞蟻、身體發亮的螞蟻，以及其他種類各異的螞蟻。會議召開得可謂是熱烈而隆重，可是，持續很長時間的會議並沒有獲得任何的結果。

一些螞蟻想讓大家都居住在大地上的洞穴裡；另一些螞蟻卻想在地上建造一個很大很牢固的房子 —— 這座房子只有螞蟻可以進出，其他動物都不可以；還有一些螞蟻想居住在大樹上，這樣可以躲避食蟻獸的攻擊，可是，牠們卻忘記天空中的敵人小鳥。

直到會議結束，螞蟻們對最終解決方案也沒有達成共識。

螞蟻們不明白為什麼會這樣，隨後，牠們回到各自的家中考慮該如何解決問題。

在接下來的日子裡，牠們按照自己的方式去生活，並且只為自己小家族的安全負責。

當螞蟻國王得知會議並沒有達成任何協定時，命令祕密軍團去傳遞一個消息。但不幸的是，國王竟然選擇一隻蜣螂蟲作為自己的信使，所以，直到今天牠也沒有把消息傳遞到。螞蟻們選擇的生活方式，讓牠們成為其他動物眼中的獵物。

當獅子能飛翔的時候

（南非）

　　傳說，獅子曾經擁有飛翔的能力，以至任何動物都難逃牠的手掌心。由於牠不希望自己捕捉獵物時全身骨骼被摔成碎塊，所以牠命令一對白色的烏鴉在牠外出捕獵的時候替自己監管藏在洞穴中的賦予牠飛翔能力的神奇的獵物的骨頭。

　　有一天，一隻大青蛙來到獅子的洞穴裡，並把獅子所有的獵物的骨頭弄成碎塊。青蛙說：「為什麼動物和人類不能生存很久呢？」接著，青蛙又說，「獅子回到洞穴的時候你們告訴牠，我就居住在那個湖泊裡，如果牠想找我報仇，牠應該到那裡和我決鬥。」

　　那時，獅子正在森林裡捕獵。當牠想要飛行的時候，卻發現自己飛不起來了。獅子非常生氣，牠知道是自己存在洞穴裡的東西出了問題。當牠回到洞穴中後問烏鴉：「你們到底做了什麼事情，使我不能再繼續飛行？」白色的烏鴉對牠說：「有人來過這裡，並且把獵物的骨頭弄成碎塊，牠說如果你想找牠報仇，可以到那個湖泊裡與牠決鬥！」

　　獅子朝著湖泊的方向出發了。當牠抵達湖邊時看見一隻

大青蛙坐在岸邊。牠試圖抓住大青蛙。當牠快要追上青蛙的時候，大青蛙對牠說：「呱！」接著，牠跳入水中游到湖對岸並坐在岸邊。獅子想要飛到青蛙身邊，卻發現自己做不到了，便只能掃興地回到洞穴。

　　傳說從那天起，獅子只能依靠自己的四條腿走路，並開始學習偵查和捕獵。而那對負責看管獵物骨頭的白色烏鴉竟變成了徹頭徹尾的黑烏鴉。從那天起，牠們總是說：「關於那件事我們沒有什麼可說的。」

河馬與烏龜的故事

（烏干達）

　　很久以前，河馬的名字是叫伊三丁，那時牠是大地上的眾多國王之一。河馬擁有七個肥胖的妻子，哪一個妻子才是牠的最愛呢？牠經常為自己的國民舉行盛大的節日派對，可奇怪的是，所有的動物都不了解牠，甚至不知道牠的真實名字。

　　在一次盛大的節日派對上，當動物們紛紛落座之後，河馬對大家說：「你們都準備坐在我的桌子旁邊吃飯；不過，如果你們猜不到我的名字就不僅不能吃東西，還要立即從這裡離開。」由於大家都猜不到河馬的名字，只得紛紛離開餐會現場，豐盛的晚餐只能放棄了。但是在牠們離開之前，烏龜站起身問河馬，是否可以在下一次的晚宴上猜測牠的名字。河馬答應烏龜提出的請求時心中有些忐忑，之後便和自己的家人回到河水中。

　　當時，河馬習慣和自己的七位妻子每天上午、晚上到河中洗澡。烏龜設法了解到河馬的習慣：牠總是走在隊伍的前面，七位妻子則跟在牠的身後。這一天，當牠們正在河邊洗

澡的時候，烏龜在牠們的必經之路上挖出一個小坑，並且趴在坑裡等著牠們。當牠們洗完澡返回家中的時候，烏龜使自己的烏龜殼和路面齊平，讓牠們看不出有什麼異樣。當河馬落在隊尾的兩位妻子從此經過的時候，烏龜卻猛地趴下身子，其中一位妻子崴了腳。她立即呼喊自己的丈夫：「哦！伊三丁，我的丈夫，我的腳受傷啦！」聽到這樣的話，烏龜非常高興並滿心歡喜地回到家裡。因為，牠終於知道河馬的名字了。

當河馬再一次舉辦節日派對的時候，牠又一次提出同樣的問題。烏龜站起身對河馬說：「你能向大家承諾在我說出你的名字後絕對不殺我嗎？」河馬答應了牠。烏龜使出自己全身的力氣喊道：「牠的名字叫 —— 伊三丁。」隨後，在場的所有動物都開始起立鼓掌，然後，牠們坐在桌子旁邊享用豐盛的晚餐。

當節日餐會結束後，河馬和牠的七位妻子來到河水中。從那天開始，牠們便生活在水中。儘管晚上牠們會從河水中走出來尋覓食物；可是在白天，你卻看不到一頭河馬在陸地上生活。

烏龜和他的漂亮女兒

(奈及利亞)

　　從前，有人認為烏龜是這世上最聰明的。為什麼這麼認為呢？來聽聽這個故事。

　　曾經有一位非常有權勢的國王，他有一個兒子名叫埃克彭翁。埃克彭翁王子有五十位年輕美貌的妻子，但是，王子卻不喜歡她們當中的任何人。因此，國王感到非常氣憤，頒下一道法令：如果哪一位老百姓的女兒比王子的五十位妻子更加漂亮，並且他們讓王子看到了他們的女兒，那麼這個女孩和她的父母都得被處死。

　　恰巧烏龜夫婦有一個非常漂亮的女兒。烏龜的妻子覺得女兒長得太漂亮了，她害怕王子會愛上他們漂亮的女兒；所以，她與丈夫商量想殺死女兒，並把她的屍體丟到荒原上去。但是，烏龜並不同意妻子的主意，他把女兒藏在家中三年。這一天，烏龜夫婦不在家，王子恰巧來到他家附近打獵，王子看到房子前的柵欄上停著一隻小鳥 —— 那鳥兒被小女孩的美貌吸引，並沒有意識到王子的到來。王子用自己的弓箭射殺了小鳥，接著，牠掉進了院子裡。王子命令僕人前

去尋找。當僕人撿小鳥的時候，他看到了那美麗的女孩。僕人回到王子身邊並把剛剛看到的一切告訴了王子。王子立即跳過柵欄去找那小女孩，很快，他愛上了小女孩。他留在那裡和小女孩促膝長談，直到她同意做自己的妻子。他回到王宮時故意躲避自己的父王，事實上，王子已經深深地愛上了烏龜的女兒。

第二天上午，王子在王宮的倉庫裡挑選了六十件衣服，又拿了三百塊錢來到烏龜的家中。他對烏龜說想迎娶他的女兒做妻子。烏龜看到自己最害怕的事情還是發生了，他知道他們一家人的性命也面臨著危險。所以，他和王子說起了那道法令。王子回答說，自己不會讓烏龜一家人去死。經過很多次的爭論後烏龜先生妥協了，同意把女兒交到王子的手裡，等她到可以結婚的年齡就和王子成婚。

接著，王子回到王宮把所做的事情告訴了自己的母親。王后聽完兒子的話痛心不已，感覺自己可能會失去讓她引以為豪的兒子——如果國王知道自己的兒子不服從他的法令一定會殺死他的。雖然王后知道憤怒的丈夫會殺死自己的孩子，可是，她也想讓兒子可以迎娶到他心愛的女人。就這樣，王后也來到了烏龜的家裡並給他們一些金錢、衣服、山藥、棕櫚油，將這些禮物作為訂婚的聘禮。在隨後的五年裡，王子時常前來看烏龜的女兒——她的名字叫阿德特。

　　當阿德特到了結婚的年齡時，王子對烏龜說他決定迎娶自己的未婚妻，現在烏龜應該讓她坐在胖子房[01]裡了。

　　當國王聽說這件事後龍顏大怒，他命令所有的臣民都到市場上去恭聽他的聖訓。

　　那天，市場被擠得水洩不通，放置在市場中間的石頭凳子是專門為國王夫婦準備的。

　　當國王和王后抵達的時候，全體臣民站起身向兩個人致敬。隨後，兩個人坐在石頭凳子上。國王命令自己的僕人把阿德特帶到自己的面前來。

　　但當她來到的時候，國王也被她的美貌驚呆了。他對自己的臣民說，把大家召集在這裡，是由於王子不服從自己頒布的法令執意要迎娶阿德特做妻子。以前，他不了解小女孩阿德特，現在他親眼看到了小女孩美麗的容貌後，覺得自己的兒子做出的決定非常正確。因此，他決定原諒王子。

　　在場的所有人也都認為女孩比王子其他的五十位妻子更漂亮、尊貴；所以他們請求國王廢除那條法令。最後，國王同意了。由於國王頒布的法令被稱為「伊博族[02]法令」，於是國王召集八位伊博族的長老，他對長老們說希望這條法令在全國被廢除，未來再也不會有人因為自己的女兒比王子的妻

---

[01] 胖子房：是給等待出嫁的女人在結婚前的幾個星期裡居住的房子。準新娘在胖子房攝取大量食物，以便讓自己長胖。

[02] 伊博族：西非主要黑人種族之一。

子們漂亮而被殺頭。接著，他贈送給八位長老棕櫚紅酒和錢財請他們廢除法令。然後，他宣布烏龜的女兒阿德特可以嫁給自己的兒子。

王子和阿德特當天就舉行了婚禮。兩個人的婚禮非常隆重，且整整持續了五十天。國王下令殺死五頭牛，並為所有人分發烤熟的山藥塊和棕櫚油。在人們經過的地方也都擺放了很多棕櫚紅酒，所有人都可以盡情暢飲。女人們都在國王的度假村裡跳舞，在那裡她們可以沒日沒夜地唱歌跳舞。王子和他的朋友們聚集在廣場上慶祝。

當王子的婚禮結束時，烏龜已經非常有權勢了，三百個奴隸正在他的農場裡工作；王子還賞賜給自己的岳父兩百個女人和一百個照顧他起居的丫鬟。就這樣，烏龜轉眼間成為這個國家最富有的富豪之一。

很多年後，國王去世，王子順理成章地繼承了王位。

這是否能說明在這世上烏龜是最聰明的？

如果你有漂亮的女兒，無論你多麼貧窮也都沒關係。王子總會出現並愛上她，你也可能就此成為皇室成員，獲得數不盡的財富。

狐狼的心臟不能食用

（奈米比亞）

　　布須曼人 [03] 認為孩子不應該膽小懦弱，所以，他們從不給孩子們食用狐狼的心臟。因為，狐狼天生非常膽小，總是在恐懼中夾著尾巴逃跑；即便牠們沒有看到人類的身影，僅僅聽到沙沙的腳步聲也會立即逃走。

　　孩子們可以食用豹子的心，因為，豹子面對困難時從不畏懼。

　　從前有個小孩子，他有個爺爺名叫撒西。撒西曾經從卡貝圖先生那裡獲贈一隻狗。小孩子給這隻小狗拴上繩子，在回家的路上，他一直牢牢地抓著綁在小狗脖子上的繩子。起初餵養小狗時，小孩子總是給牠拴上繩子，可是，後來他把繫在牠脖子上的繩子鬆開了。於是小狗開始嗅地上的氣味，沒過多久，牠便獵捕了幾隻狐狼。

　　撒西剝下狐狼的皮，小孩子的奶奶則用那皮製作了一件衣服。

---

[03]　布須曼人：又稱桑人、巴薩爾瓦人。他們是生活於南非、波札納、奈米比亞與安哥拉的一個原住民族。

後來，小狗又捕獲了一隻狐狼和一隻大耳狐，牠把獵物銜回了家裡。

　　於是，撒西給來自卡貝圖的小狗製作了一件用狐狼皮做的皮衣，至於那件用大耳狐皮製作的坎肩則順理成章地留給他自己。

　　撒西把一件狐狼皮衣拿給卡貝圖，因為卡貝圖是唯一一個願意給他小狗的人；更因為，這些狐狼皮衣是小狗帶給他們的。

　　再後來，撒西已經習慣了這種生活方式。當他親自烹煮狐狼肉的時候，他會說：「你想讓我們吃狐狼的心嗎？如果我們吃掉狐狼的心臟就會變成膽小如鼠的懦夫，所以，我們不會吃狐狼的心。」

　　撒西並不經常吃狐狼肉，他只是為自己的孩子們烹煮狐狼肉。

爲什麼豹子身上長有斑點

（塞內加爾）

豹子是火非常要好的朋友，每天都會到牠的家裡做客。但是，火卻從未到過豹子的家裡做客。豹子的妻子不明白，既然火是丈夫最好的朋友，為什麼從不登門拜訪呢？

豹子並沒有理會自己妻子的疑惑；但是有一天，牠決定親自去邀請火到家裡做客。

火卻不想去豹子家裡做客，牠拒絕了豹子並向牠致以萬分的抱歉。

但是，抵不上豹子一次又一次地邀請，在盛情難卻的情況下火接受了邀請，火說自己會在第二天到訪。於是第二天一早，豹子在通往自家的路上鋪上了乾燥的樹葉。

然後牠和妻子在家門口等待火的到來。

突然，夫妻二人聽到一聲巨響，很快，牠們看見家門前的路被火焰吞噬。牠們還是因為迅速地逃進屋子裡才得以躲過一劫；但是，牠們兩個的皮毛上都留下一些黑色的火燒痕跡。所以，現在豹子的身上都有黑色的斑點。

斑馬如何穿上了條紋衣服？

（奈及利亞）

很久以前，有一隻非常傲慢的狒狒，牠自稱是「水域的霸主」。在旱季裡，牠唯一的工作便是在水源地阻止其他動物前來飲水。

有一天，天氣非常乾燥炎熱，沒有一個池塘裡有水。斑馬媽媽便帶著自己的兒子來到水源地喝水。當斑馬母子正在水源地飲水的時候，聽到一個聲音對牠們大聲吼道：「滾出去！我是這片水域的霸主，所有的水都屬於我了！」斑馬母子停止了飲水，牠們看見一隻狒狒生氣地坐在篝火旁邊。

「嘿，這些水屬於大家，並不是你個人的東西！」年青的斑馬媽媽說道。狒狒回答說：「如果你想喝水，就必須和我打一架。」隨後，牠開始對斑馬母子發起攻擊。

斑馬媽媽和狒狒之間的戰鬥一直持續著 —— 直到年輕的斑馬媽媽抬起自己的後腿重重地踢在狒狒的身上。瞬間，傲慢的狒狒被踢到空中，隨後牠從空中掉了下來，屁股重重地落在岩石上。所以直到今天，狒狒的屁股依舊是紅紅的顏色。

另一邊，斑馬媽媽沒有站穩，自己摔倒在篝火上面，篝

火燒掉了牠白色的毛髮，留下一道道黑色的條紋。受驚的斑馬母子立刻跑回了平原。直到今天，牠們一直生活在平原地帶。

而狒狒和自己的家人居住在石頭之間，每天過著挑戰入侵者的日子。在牠們與入侵者進行戰鬥的時候，常常高高地豎起自己的尾巴，以緩解屁股著地的疼痛感。

這便是斑馬如何穿上條紋衣服的故事。

生育繁衍的起源

（坦尚尼亞）

　　很久以前，地球上生活著很多動物。有一天，一個男人和一個女人從天而降；但他們對彼此並沒有任何想法，只是一邊吃野果一邊觀察動物和牠們的幼崽進行的快樂嬉戲 ── 他們二人根本不知道怎麼生育繁衍後代。為此，造物主讓一條居住在河水中的皮同 [04] 去點化他們。

　　皮同問兩個人：「其他的動物都有自己的孩子，你們的孩子在哪裡啊？」兩個人對牠說他們沒有孩子。皮同便對他們說：「如果你們想要孩子，我可以幫助你們……」接著，皮同把兩個人帶到河邊。

　　來到河邊後，牠讓兩人四目相對深情地望著對方。然後，皮同回到了河水中，過了一會兒，牠又回到兩個人身邊，此時，牠的肚子裡裝滿了水。牠不停地說：「庫斯……庫斯……」

　　再然後，皮同讓夫婦二人回到家中躺在一起……再後來，女人懷孕並生下了他們自己的孩子。

---

[04] 皮同：希臘神話中居住於德爾斐的巨蟒。

　　孩子越生越多，及至後來，組成了部落。而這些部落都將皮同作為自己部落的圖騰，皮同也被尊為部落的聖物。

　　沒有人可以殺死一條皮同，因為，這樣做會被詛咒。如果皮同知道自己即將死去，牠會將白色的泥土覆蓋在身上以給自己一個舒適的葬禮！

猴子與河馬

（安哥拉）

在很久以前，香蕉樹只能結很少的香蕉；可是，愛吃香蕉的猴子卻是數不清。

牠們中間有一隻猴子名叫淘氣鬼，居住在一條河的河邊。

淘氣鬼擁有一片香蕉林，而且，這片香蕉林可以提供給牠充足的香蕉。牠種植的香蕉是整個地區味道最美的，這讓牠倍感自豪。

在河裡居住著一頭名叫拉拉的河馬，牠是那裡的國王。

河馬出了名的肥胖，而且嘴巴也非常大，一口可以吃下六隻猴子。河馬也非常喜歡吃香蕉，特別是淘氣鬼種植的香蕉。

河馬拉拉經常到淘氣鬼的香蕉林裡偷香蕉吃，儘管這種行為對於一個國王來說不成體統。

因為總有香蕉被盜，於是猴子寸步不離地看守著自己的香蕉林。

很快，一群鸚鵡小心翼翼地來到香蕉林觀察猴子的一舉一動——牠們正在執行國王下達的偷盜香蕉的命令。為了能夠成功地偷到香蕉，牠們議定了一個方案：騙淘氣鬼說牠的哥哥生了重病，希望牠能前去看望。

淘氣鬼非常牽掛自己的哥哥，得到這個消息後便立即去探望哥哥了。

當然，他很快便發現那是一條假消息。牠哥哥的身體非常健康。淘氣鬼知道自己上當了，立即走近道趕回香蕉林。

一個天大的消息等待著牠。香蕉林的香蕉全部不見了——即便是剛剛結出的小香蕉也被偷走了。正在牠痛苦抱怨的時候，一隻鸚鵡飛到牠的身邊說：

「嘿！淘氣鬼兄弟！河馬拉拉命令我們前來偷走你所有的香蕉，而且，要求我們一片香蕉葉也不能留給你。」

「啊！真的嗎？如果是這樣讓牠走著瞧……我一定會到拉拉家裡拿回屬於我的香蕉的。」猴子大聲地說。

蛇是一種善嫉的動物，身上有很多缺點，但最為糟糕的是，牠總愛耍陰謀。當聽見猴子發誓要拿回屬於自己的香蕉時，牠立即把這件事通知了河馬。

「好啊！或許，我應該讓那隻臭猴子馬上到這裡來！」河馬拉拉說。

蛇來到淘氣鬼居住的地方，把拉拉國王的命令傳達給

牠。猴子心裡有些害怕，因為，牠的心並不像自己說出的話一樣「勇敢」。

當牠決定前往河馬家裡的時候，腦中突然產生了一個想法。牠準備了大量的膠水。以前，這些膠水是捕鳥用的。

拿著膠水，牠來到拉拉國王居住的河邊。

「牠們對我說，你要到我這裡來拿走所有的香蕉。這些話是你說的嗎？」河馬對猴子說。

「先生，這話從何說起！所有的香蕉以及我本人都屬於偉大的國王。」淘氣鬼回答。

「好啊，聽到你這樣說我的心裡非常高興。毋庸置疑，是牠們在使陰謀，並且跟我撒了謊。猴子，你坐吧，但是你只能坐在我的面前，不能觸碰自己身後的香蕉。」河馬說。

淘氣鬼遵守命令，背對著成堆的香蕉坐下來，但牠偷偷拿出膠水在腰間和後背塗抹著。

河馬又說道：「聽大家說你知道很多故事。你想講個故事給我聽嗎？」

猴子高興地接受了國王的命令，並給牠講述了一個非常有趣的故事。

牠坐在香蕉前給國王講故事的時候，一直沒有忘記繼續在背部塗抹膠水。講完故事後，拉拉國王對牠說：

「謝謝。你可以離開了，但是，你出去的時候必須對我畢

恭畢敬。這樣才是對一位偉大國王的尊重。」

　　猴子感覺無比的美好，因為，在牠塗抹膠水的後背上已經黏滿了香蕉。牠畢恭畢敬地面朝著河馬倒退著走了出去。當牠離開河馬家後，便一路狂奔，然後找了個地方躲藏了起來。

　　很快，鸚鵡們發現猴子使了計謀，牠們趕緊把這一切告訴河馬國王。

　　當河馬得知自己被騙後，怒火燒得牠步履蹣跚，一個不小心牠竟肚子朝天摔進河水中死掉了。而成功維護了自己權益的猴子成了當地的大名人。

　　隨後，很多動物聚集在一起，牠們都肯定了猴子的聰明才智，並決定擁戴牠為新國王。

　　大家賦予這位淘氣鬼國王陛下一個新名字：智者。

　　在以後的很多年裡，猴子管理下的政府明智而謹慎。

豹子

（安哥拉）

　　有一天，飢腸轆轆的豹子內布林想到一個可以輕易獲得食物的方法，而且這個方法很簡單。

　　牠讓自己的兒子薩貝爾在森林裡散播一條假消息：森林國王豹子內布林患上了重病。很快，消息便傳開了！沒過多久，所有的動物都得到一個消息：豹子內布林、我們的國王快要死了。所有的動物都必須前去探望。

　　動物們陸續地來到內布林家裡探望牠。看到有動物前來，豹子內布林立刻閉上眼睛躺在床上裝死。很快，屋子裡的動物們開始哭泣著吟唱：我們的國王去世了，去世了。

　　我們的心裡太悲傷了！

　　當豹子的兒子薩貝爾悄悄地把房門鎖上之後，內布林突然跳起來把前來探望牠的動物全部殺死；一些動物被牠當場吃掉，另一些則被儲藏起來。

　　這之後，又有一些動物也懷著沉痛的心情前來哀悼。羚羊是陪著豪豬來的，但其實牠對此事充滿了懷疑，並給大家提出了存在的疑點 —— 看來牠們已經落入豹子設下的陷

附了。該怎麼辦呢？牠們決定到時候先找一個地方躲藏起來——這是非常有必要的。然而，只有渾身是刺的豪豬沒法和別人藏在一起。

羚羊一邊注意觀察著內布林家中的動靜，一邊說出下面的主意：

「豪豬先生，進了豹子家後，你先慢慢地靠近豹子，然後蜷縮起身體，用身上的尖刺扎豹子。如果豹子有反應的話，你就趕緊躲開，我們也會躲藏起來。」

就這樣，豪豬先生朝著豹子內布林走了過去，而豹子依舊躺在床上裝死。起初，尖刺慢慢地扎刺牠的時候並沒有發生任何事情。

豪豬想：豹子真的死掉了！

隨後，牠決定用大力氣刺躺在床上的豹子。結果內布林不能長時間地忍受疼痛，牠噌的一聲跳起來，滿屋子追趕這膽大妄為者。

所有的動物看到豹子跳了起來，紛紛找地方躲藏起來。只有羚羊在低聲吟唱：豹子用自己的力量成為森林之王，但是，牠卻沒有智慧。

接著，其他的動物也開始跟唱：我們應該和小羚羊，聰明的小羚羊一起生活。我們應該和牠一起生活！

爲什麼豬生活在圈舍裡

（安哥拉）

　　這個故事發生在非洲的叢林當中。那時，豬和牠長著獠牙的野豬叔叔生活在一起。

　　每天上午，牠們兩個無憂無慮地快樂地在叢林中尋找著水果和根莖；中午，牠們回到自己的家裡睡很長時間的午覺——牠們的家位於一個非常古老的大樹洞裡；下午，牠們花上幾個小時待在河水裡洗澡，在河水裡快樂地扭來扭去。

　　野豬喜歡戶外的生活，牠那尖銳的牙齒能幫他應對一切困難，即便是森林裡威武的國王獅子也對牠尊重有加。

　　但是，豬卻非常懶惰，而且總是在不停地抱怨。有一天，牠來到河邊對野豬說：「我想和人類一起居住在村子裡。」

　　「什麼？」野豬奇怪地問道，「人類居住在用稻草覆蓋的茅草屋裡，而且他們不喜歡動物，他們會把你抓起來的。」野豬警告牠。

　　「可是，我已經厭倦了每天吃水果和根莖。」豬抗議說。

　　「你別這樣做。」野豬告訴自己的姪子，「我們現在自由自

在地生活在一起，和大自然多麼親近！」老野豬向牠解釋說。

可豬一直夢想著要過品嚐女人們烹製的冒著熱氣美食的生活，所以牠並沒有聽取自己叔叔的忠告，而是在第二天就離開了叢林。

從叢林到人類居住的村子要走很長的路，這其中充滿了困難和危險；但是，貪吃的豬單隻靠捕捉空氣中美食的味道來引路竟也找到一個大村莊。

村子裡的孩子們看到豬後，跑著通知村子裡的大人。男人們手裡拿著棍棒成功地抓住了這可憐的豬，並把牠關在一個圍欄裡面。

從那天起，豬開始生活在圈舍裡，吃著人類的剩飯，並不停地抱怨著自己的運氣，日日夜夜地抽泣：「儘管，我的野豬叔叔已經告訴我不要到人類生活的村莊來，可是，我依舊固執己見。」

感謝青蛙曼奴

（安哥拉）

　　當基馬納維薩先生的兒子到了適婚年齡的時候，他問兒子是否想找一個女朋友。

　　但是，兒子卻給了他一個出乎意料的回答：

　　「我不會娶生活在大地上的女人，我只想迎娶太陽國王和月亮王后的女兒做妻子。」

　　「可你讓我怎麼向他們提親啊？」

　　「這個我自有辦法。」

　　小夥子寫了一封信，請求一頭麋鹿把書信帶到天上。可是，麋鹿拒絕了：

　　「我是生活在大地上的動物，不能飛上天空。」

　　「好吧，我會繼續尋找信使。」

　　他對一隻羚羊說出自己的請求之後，得到了和鹿先生一樣的回答，於是，小夥子又開始尋找能飛的動物。

　　他對一隻老鷹說出了自己的請求，老鷹用力地揮動著自己的翅膀，但是，牠也拒絕了：

「對不起，我不能幫你。天空太高了！」

禿鷲更是直言不諱地說：

「不要異想天開了，我只能飛到半空中，距離太陽和月亮居住的地方還很遠。」

小夥子手裡拿著信，十分憂慮。

這個奇怪的願望很快傳遍了整個村子，也傳進了青蛙曼奴的耳朵裡 —— 牠找到小夥子，告訴他，牠願意幫助小夥子實現他的願望。

小夥子感到非常吃驚，他有些生氣地說：「那些擁有翅膀的鳥兒都不可能把書信送到天上，你怎麼膽敢說自己可以辦到呢！」

「你把書信給我，我能把牠帶到天上。」青蛙曼奴說。

小夥子將信將疑地接受了牠的幫助。

「拿著信。但是，如果你不能兌現自己的諾言，就要吃我一拳頭。」

青蛙沒有任何的猶豫，就朝著一口水井走去 —— 太陽和月亮的子民經常到那口水井旁提水 —— 牠把書信放在自己的嘴巴裡，跳進了水井，只一下，水井裡便沒了聲音。

過了很久，水井中傳出青蛙的聲音，人們趕忙用水桶把青蛙從水井裡拉了上來。

　　原來，青蛙跳進水井之後，游進了一個黑暗的通道，然後抵達了遙遠的天空。

　　青蛙到了目的地之後，把書信放在太陽國王和月亮王后的房間裡。當他們看到書信時感覺非常驚訝，不過，太陽夫婦還是接受了小夥子的請求。於是青蛙曼奴又透過同樣的方式返回水井中。

　　沒過多久，新娘子就用一根太陽國王親手編製的繩子來到了大地上。

　　小夥子迎娶了太陽和月亮的女兒，之後他們幸福地生活在了一起。但這所有的一切都要歸功於青蛙曼奴。

盲人薩烏里

（安哥拉）

很久以前，有一個盲人名叫薩烏里。他有兩個以打獵為生的兒子，無論他們走到哪裡總是隨身帶著一桿獵槍。

有一天，兩個兒子決定帶著父親到荒漠地區打獵，讓父親負責看管被捕殺的獵物。當他們抵達荒漠後便建造了一個小營地，然後，兄弟二人便出發去打獵。

盲人薩烏里獨自留在營地。不大一會兒，他聽到自己的身後有沙沙聲！這是人類走路時發出的聲響。於是，雙目失明的薩烏里說：「朋友，歡迎你來到這裡！」

一個聲音在他的身邊回答說：「謝謝你，朋友！」接著，那個聲音問薩烏里，「朋友，什麼會使你覺得很痛苦呢？是你失去光明的雙眼，還是你的心啊？」

薩烏里回答道：「我的心還在啊！可是，眼睛卻失去了光明！」

那個聲音又響起來，他讓薩烏里說出兩個字「光明」。

當薩烏里說出「光明」兩個字的時候，他睜開了雙眼並看到自己的身邊坐著一個男人。薩烏里拿出一根香菸，點上

火遞給身邊的朋友。後來，兩個人開始一起收拾營地。打掃完營地之後又開始準備食物。最後，所有的一切都井然有序了，那個朋友走過來問他：「朋友，是你的眼睛失明，還是你的心看不到光明？」

薩烏里回答說：「我的眼睛失去了光明。」接著，這個男人讓他說「黑暗」。薩烏里剛說出「黑暗」兩個字，他的眼前又重新陷入漆黑。

當他的兩個兒子回到營地的時候非常驚訝，他們問父親：「誰打掃的營地啊？」薩烏里把自己剛剛經歷的事情講給他們聽 —— 當然包括他的眼睛還曾短暫地恢復光明一事。

兩個孩子對他說：「如果那個朋友再來這裡並讓你說『黑暗』的話，你千萬不要說『黑暗』，而要大聲地喊『光明』。接下來，我們看看會發生什麼事！」

夜幕降臨，他們父子三人躺下休息了。

第二天上午，兩個兒子去打獵。父親獨自留在營地裡，不久後他又一次聽到了沙沙的聲音！薩烏里說：「朋友，歡迎你的到來！」對方回答他：「謝謝你，朋友！」接著，對方又問薩烏里：「朋友，什麼讓你飽受痛苦？是你的雙眼還是你的內心呢？」薩烏里說：「我的雙眼失明了！」隨後，朋友要求他說「光明」。

薩烏里說出這兩個字後，兩眼再一次獲得了光明。薩烏

里又拿出一根香菸，點上後遞給他。他們兩個人抽完香菸後，開始忙碌地工作著。

當朋友準備離開的時候，薩烏里拿出一些食物贈送給朋友。朋友問他：「薩烏里，是你的眼睛失去了光明，還是你的心呢？」

薩烏里回答說：「眼睛失明了！可我的心一直都在！」

那朋友又說：

「請你說『黑暗』！」薩烏里牢記兒子們的建議，他回答：「光明！」

接著，他依舊可以看得到光明！那朋友拿出自己帶來的藥，為薩烏里治療雙眼。不久後，薩烏里的雙眼完全康復了。

兩個人分別時，他給這位朋友裝了很多肉。

當兒子們回來的時候，看到父親的雙眼復明了，都感到非常高興。三個人一起離開了荒漠，回到了村子裡，他們收穫了鄉親們的很多掌聲。

為什麼狗和人類生活在一起

（安哥拉）

狗，被稱為人類的好朋友。但是在很久以前，牠和自己的堂兄們狼、豺一樣生活在叢林裡。

那時牠們三個總是在一起盡情地嬉笑打鬧，旱季的時候，牠們還組成團隊一造成河邊獵殺動物。

但是，每年雨季到來之前，牠和堂兄弟們都很難找到充足的食物。植物乾枯，河流斷流，一些生活在森林裡的動物也離開森林到其他地方生活。

有一天，天氣十分炎熱，飢腸轆轆的牠們伸出舌頭喘著粗氣，一起坐在一棵樹下商討對策。

「我們中的一個人必須到人類居住的村子裡去弄一些火種。」狼說道。

「要火種幹什麼呢？」狗問道。

「用火把乾草燒掉，我們便可以吃烤螞蚱。」豺滿嘴裡流出口水。

「誰去找火種呢？」狗又問道。

「你！」狼和豺兩個人異口同聲地對著狗說。

狗收到命令之後，經歷了艱苦的旅程才到達人類居住的村子，而那時狼和豺卻安穩地躲在樹下睡大覺。

狗不停地奔跑，終於抵達用荊棘和尖頭棍子製成的圍欄處——這些圍欄是用來保護村民們不受獅子攻擊的。突然，從茅草屋裡傳出一股香味。小狗走進其中一間茅草屋，看見一個女人正在吃飯，聞到飯香，牠已經忘記自己的任務了。

一鍋熱騰騰的玉米粥放在火爐上。女人名叫達麗，她根本沒有理會狗的出現，她慢慢地從鍋裡盛出一小份玉米粥到泥土燒製成的碗裡。

當她餵完自己的孩子後，她把貼在鍋壁上的玉米粥刮出來給狗倒在地上。飢餓的小狗狼吞虎嚥地吃完了地上的玉米粥，而且，牠很喜歡這個味道。在牠吃飯的時候，孩子走近牠撫摸著牠的毛髮。隨後，狗對自己說：「我再也不回森林了，狼和豺總是對我下命令。這裡不缺少食物，而且，人類也很喜歡我。從今天開始，我要和人類生活在一起，幫助他們照看自己的家園。」

就這樣，狗和人類居住在一起了。而狼和豺還總是在森林裡號叫，牠們在呼喊自己逃跑的堂弟。

野兔和鼴鼠

（安哥拉）

　　野兔一直過著翻越圍欄到莊稼地偷盜農作物的日子，因此，牠總是被人類和狗追趕。

　　很難在哪一天聽不到人們大聲喊叫：「抓住牠，抓住那隻逃跑的野兔！」

　　鼴鼠並不明白其中的道理，有一天，牠問道：「嘿！野兔，你究竟幹了什麼壞事啊？我總是聽到他們大叫你的名字！難道你有什麼問題嗎？」

　　野兔很聰明，為了不被大家看作是農田裡的小偷，牠回答說：「你難道不知道發生了什麼事情嗎？那些喊叫聲是那被關在籠子裡的鬣狗發出的，牠就居住在我鄰居海倫娜的院子裡。」

　　「真的嗎？」鼴鼠驚訝地問。

　　「真的！如果你想確認我講的話是真還是假，你可以到我家裡來，然後，便可以親眼看到一切。」

　　鼴鼠心裡充滿了好奇，第二天便來到野兔家裡。

野兔對牠說：「你坐在這個白蟻窩後面等著我。我去找海倫娜，求她讓你看看關在籠子裡面的鬣狗。」

鼴鼠聽從了朋友的話，在那裡等著牠。

野兔如往常一般跑到田地裡，牠在一塊平坦的田地裡偷走了一個鳳梨。雖然那天，獵人們距離牠非常近 —— 牠甚至看見了獵人腰間掛著的幾隻野兔和鷓鴣；但是，野兔還是翻過圍欄偷走了鳳梨。

狗開始在野兔的身後拚命狂吠追趕，男人們扔出去的木棍和石頭像雨滴一樣落在牠的四周。

但野兔是一名奔跑健將，沒有幾分鐘便跑回了自己的洞穴；不過，牠心裡依舊非常害怕！

鼴鼠看到牠驚慌失措的樣子問道：

「究竟發生了什麼事情？你為什麼那麼慌張啊？」

「我為什麼慌張？都是因為我趕著跑來通知你 —— 海倫娜的鬣狗已經吃掉半頭河馬了，可是，牠還說自己很餓。你最好趕緊逃命吧！」

為什麼蝙蝠在黑夜飛行

（安哥拉）

很久以前，在非洲森林、平原、大山裡的動物和鳥類之間發生過一場戰爭。

那個時候，每個白天，擁有一對翅膀和一個同老鼠相似的身體的蝙蝠，就在巨大的綠樹之間飛行，尋找著昆蟲和水果。

一天下午，和往常一樣，牠頭朝下把自己掛在一根樹枝上休息。突然，牠被一隻小鳥的叫聲吵醒：「所有的鳥類請注意：我們已經向所有的四足動物們宣戰了。所有擁有翅膀的鳥類都應該團結起來對抗在路上行走的動物。」

沒過多久，一隻鬣狗又從此經過，蝙蝠又被驚嚇了一次。鬣狗邊奔跑邊大聲喊叫，聲音響徹雲霄：「注意，注意！已經向鳥類宣戰！所有長有四肢的動物必須到陸地的動物軍隊中報到。」

「現在，我該怎麼辦？我既不是鳥類也不是四足動物。」蝙蝠在心中問自己。牠有些猶豫，不知道自己該去幫誰，後來牠決定靜靜地等待戰爭的結果。

「我不是傻瓜，我會站在勝利者的身邊的。」牠對自己說。

兩天後，牠躲藏在樹葉中看到一些動物正在慌忙地逃竄，而牠們身後有一群鳥正在緊追不捨地左右啄擊動物的身體。看來擁有翅膀的鳥類贏得了這場勝利，所以，蝙蝠飛到擁有翅膀的鳥類身邊。

一隻巨大的老鷹看著這隻「長著翅膀的老鼠」說：「你在這裡做什麼啊？」

「你沒有看見我是你們當中的一員嗎？你看啊！我來這裡是為了加入你們的隊伍。」蝙蝠說著展開了翅膀。

「哦！請你原諒我。歡迎你加入我們勝利軍團。」老鷹半信半疑地說。

第二天上午，陸地上的動物組織了強大的大象軍團，並重新展開攻擊，最後，鳥類們失敗了。戰場上到處散落著鳥兒的羽毛。

與此同時，蝙蝠收起自己的翅膀又趕去加入那一個勝利的隊伍。

「你是誰啊？」獅子怒吼著問。

「我和陛下您一樣，是一隻四足動物。」蝙蝠虛偽地回答，並故意露出牠鋒利的小牙齒。

「你身上的翅膀是怎麼回事啊？」一頭大象發現了端倪，

「你一定是名奸細，快從這裡滾出去！」這頭厚皮動物揚起自己的鼻子，擺出一副威脅的姿態。

　　就這樣，蝙蝠不再被任何一方接納了。從此以後，牠別無選擇，只能過著與世隔絕的生活：白天躲藏在洞穴裡或黑暗的地方，夜晚出來覓食。

　　因此直到今天，牠依舊只在黑夜裡飛行。

爲什麼變色龍會變換顏色

（安哥拉）

曾經，野兔和變色龍是一對形影不離的好朋友。

那時候，在非洲大陸的中部經常有長長的大篷車隊穿梭。搬運工們的頭上頂著包裹和籃子，籃子裡裝滿了蠟燭和餅乾。這些東西是他們在靠近海邊的村子裡用布匹和白人商人以以物易物的方式得到的。

野兔和變色龍從很遠的地方聽到了那些準備到海邊去的人的歌聲和喧鬧聲，於是牠們快速地跟在人們身後。

牠們兩個也同樣很喜歡做生意，牠們拿著自己的小包裹高興地跟著大家一起走。搬運工們身上都帶著鈴鐺和搖鈴，搖鈴能發出很大的聲音，人們想用這種聲音嚇跑沿途的猛獸。

野兔跑步的速度很快，而且牠總是在不停地奔跑。就這樣，牠首先抵達了白人的商店，並換到一塊多彩的蠟染布匹。牠對變色龍說：「我要走啦。」接著牠便跑得不見了蹤影。

而這邊，變色龍還在慢慢騰騰地回答：「我不著急。」

由於野兔愚蠢地選錯了道路，很久後牠才回到廣闊的大

森林裡。

正因如此，直到今天，野兔還穿著一身又髒又褪色的灰皮毛。

慢性子和負責任的態度讓變色龍累積了很多不同顏色的布料，所以現在，牠每隔一個小時就能讓身體變換一種顏色。

奧魯姆蛇

（奈及利亞）

從前，有一個年輕人叫奧巴米，他幸福地和父母一起生活在村子裡。直到有一天平靜的生活被打破了 —— 他接納了父母的提議，決定找一個女人結婚。

奧巴米有兩個女性朋友，而且，他已經認識她們很長時間了。可以說，他和她們兩個都是青梅竹馬的關係。那個年齡較小的女孩叫奧魯，另一個女孩叫埃梅斯。奧巴米只想和她們當中的一個結婚，但是，卻不知道自己該選哪個女孩子。她們兩個人的性格截然不同，唯一的相同之處是都很漂亮。

另一邊，兩個女孩都很愛奧巴米。因為他是一個很勤勞的男人，還是一名出色的獵手；為人又大公無私，得到了村子和附近地方人們的尊敬和愛戴。富有的奧巴米，身體很強壯，其實他完全有能力同時迎娶兩個女孩；但是，當地的傳統卻不允許這樣做。兩個女孩子看見他坐在自家的茅草屋前面思考了很長時間。後來他站起身走進茅草屋告訴父母，他想對兩個女孩子進行測試。可是，等他說完後他卻又變得遲

疑起來。

兩位年輕的女孩站在他的身邊，她們對比著各自的品德與美貌，誰也不願意主動認輸，把「奧巴米妻子」的位置拱手讓給對方。最後，奧巴米說出一句有意思的話，他說他想知道兩個女孩到底誰愛自己更深一些。

一天傍晚，當兩個女孩坐在小夥子奧巴米腳旁的時候，一條透明的蛇從奧魯姆森林裡爬了出來 —— 森林位於阿貝庫塔地區的一個小山裡。這條蛇有三個頭，整個身體非常長，微微冒著煙氣，在草叢裡爬動。當奧巴米走到篝火旁時，他恰巧站在了蛇尾巴上。他開始跳舞，對面的火焰把他的眼睛映照成紅色。那場面好像帶著魔力，他整個人也像被人施了巫術。

後來，奧巴米坐在了蛇的腰間 —— 他沒有發現任何異常，當兩個女孩子看到蛇並大聲告訴他時，已經晚了。透明的蛇一口咬在奧巴米的大腿上，然後消失在夜幕中。原來蛇是上帝派來執行毒咬奧巴米的命令的。

奧巴米走進茅草屋隨後倒在了地上。兩個女孩子高聲呼喊起來。她們找來村子裡的巫醫，請他救治奧巴米。得知這一切都是上帝授意的，巫醫就放棄了救治奧巴米。

一些老人命人焚燒了一些乾草，並把乾草灰塗抹在奧巴米的傷口上，可是，卻沒有任何療效。幾個小時後，小夥子的生命走到了盡頭。他並沒有像大家預想的那樣睜開雙眼。

直到死，他也不知道哪個女孩子才是自己的首選。

　　兩個女孩子看見自己的心上人死去了，便大聲哭泣。年青的奧魯女孩站起身，對大家說：「沒有奧巴米，我的生活已經沒有了任何意義 —— 當大火熄滅的時候，煙氣也會跟著大火一起消失。沒有他在，我也不能獨自生活。所以，我決定跟他一起離開這個世界。」

　　在大家勸阻她之前，小女孩奧魯跑出了茅屋，穿過了灌木叢。她找到了那條會施展巫術的蛇，請求牠咬死自己。她轉過身子，隨後，蛇對她咬了下去。奧魯小女孩倒在了地上，一片青草地上，慢慢地死去了。她認為這才是愛情。

　　埃梅斯不知道自己該做什麼，她思考過後做出一個決定。她走進自己父親的房子，取下牆上懸掛的一把大刀，然後，沿著蛇留下的痕跡尋找牠。當她抓住蛇的時候，立即舉起砍刀要砍掉蛇頭，這時，蛇豎起身子說：「埃梅斯，你不要殺我！如果你放我一條生路，我會幫你救活奧巴米。」

　　小女孩接受了牠的建議，蛇給了她兩個小包，一個裡面裝著黑色的粉末，另一個則裝著白碳粉末。

　　「你拿著這兩個小包站在奧巴米的屍體上。你閉上雙眼把黑色的粉末撒向很遠的地方，一定要朝著太陽昇起的方向……」

　　埃梅斯按照蛇說的做了，很快，奧巴米和奧魯兩個人復

活了。

　　奧巴米沒有猶豫，毅然決然地選擇那個女孩成為他一生的妻子。

　　親愛的讀者朋友，如果你是奧巴米，你會選擇哪個女孩做自己的妻子，是這個為愛殉情的女孩，還是那個拯救他使他得以重生的女孩？

不講話的小女孩

（幾內亞比索）

　　有一天，有個小夥子看到一位非常漂亮的女孩，並深深地愛上了她。第二天，他和女孩的父母坐在一起討論婚嫁的事情。

　　「我們的女兒不愛說話，如果你可以讓她講話，你就可以娶她為妻。」小女孩的父母說道。

　　小夥子走到女孩的身邊，一開始是向她提問，後來又給她講了幾個有趣的故事；但是，沉默的女孩並沒有笑，也沒有說出一個字。小夥子放棄了，離開了。

　　在這個小夥子之後，又陸續出現很多小女孩的追求者，有些人還非常有錢；可是，他們都沒有辦法讓她開口說話。

　　最後一個追求者是一個全身髒兮兮，沒有任何地位的窮小子。他來到小女孩父母的身邊說自己想和他們的女兒結婚。夫妻倆回答說：「之前，有幾個地位尊貴的人帶著很多錢來到這裡，也沒有辦法讓她開口說話，你覺得自己可以讓她開口說話嗎？不要痴心妄想啦！」

　　窮小子堅持自己的意見，請求他們讓自己碰碰運氣。最

終，女孩的父母接受了他的請求。

小夥子邀請小女孩到自己的農場去，並讓她幫自己鋤地 —— 農場裡種著很多玉米和花生。在辛勤的勞作之後，他得到了豐厚的回報 —— 好多農產品。小女孩問道：「你這是做什麼啊？」

小夥子笑了，他解答了女孩所提的問題，並帶著小女孩回到她父母的身邊，還為她講述曾經發生在農場的趣聞。

村子裡的人們都在傳誦著他們兩個人的故事，並為他們舉行了隆重的婚禮。

兩個女人

（肯亞）

　　曾經有兩個女人是非常要好的朋友，一個女人有很多孩子，另一個女人則沒有孩子。

　　一天，會生育的女人前往自己朋友的家裡做客 —— 不會生育的好朋友邀請她到自己家裡聊天。她說：

　　「好朋友，我家裡新買了很多東西，你過來看看啊！」

　　「這些好東西很棒！」會生育的女人看著那些新東西說。

　　一天上午，擁有很多孩子的女人再次來到自己朋友的家裡，她喊著：

　　「朋友，我的朋友！」

　　她給自己的朋友帶來一塊女人生育過後使用的布匹，朋友接受了她的禮物，並把牠儲存起來。

　　兩個女人一邊聊天，一邊飲用女主人烹製的茶。當她們喝完茶之後，女主人又向朋友展示她剛剛購買的東西。隨後，她們一起來到客廳裡，女主人打開一個箱子向朋友展示著自己的衣服、耳環，以及其他的金銀細軟。她們要分開的

時候，有孩子的女人對朋友說：

「改天，請你到我的家裡去，看看我箱子裡的衣服。」

這一天，沒有孩子的女人來到自己朋友的家裡，她發現那裡一團糟，孩子們看見女人走進門便大聲吵嚷著：

「媽媽，您的朋友到我們家做客啦！」

孩子們依次感謝母親的朋友給他們帶來的禮物，並把禮物存放起來。孩子們開始為她準備茶水。

孩子們的母親一個個呼喊著他們的名字：

「法蒂瑪！茶水已經放在爐子上了嗎？」

「是的，媽媽。」

「馬里亞布！」

「媽媽，怎麼啦？」

「你去找些乾柴啊！」

「安雅！」

「媽媽，有事嗎？」

「你去水井邊打水！」

「莫西塞！」

「媽媽，怎麼啦？」

「你去拿一些糖！」

「莫美德！」

「我在呢！」

「你去拿一個杯子！」

「瑪利亞姆！我們在聊天，你去沏茶水吧！」

就這樣，茶水很快準備好了。她們兩個人開始飲茶，但卻很少說話。

當客人要離開的時候，孩子的母親說：

「我的朋友，我讓你過來看看自己的箱子，但是，我的箱子裡沒有衣服也沒有耳環！我的箱子裡有的就是自己所有的孩子！」

沒孩子的女人非常悲傷，在她到家後，身體狀況變得非常糟糕，頭也很痛，沒過多久便離開了人世。

膽小的王子

(衣索比亞)

　　很久以前有一個王國，這王國裡有著一位勇敢誠實的國王。國王年紀大了，他感覺到自己的身體每況愈下；所以，他想把王位傳給自己的兒子辛塔耶胡。王子是一個聰明、樂觀、和藹的小夥子。但是，王子有一個缺點：膽子非常小 —— 只要聽到陌生的聲音他就會驚恐無措。

　　有一天，國王命令王子去森林裡獵殺一隻野獸。在森林裡，獨自一人打獵的王子，為了不讓自己害怕，他選擇躺在樹上睡覺。很快他便睡著了，但是，突然的一聲巨響把他吵醒了，他害怕地從樹上掉了下來，正好落在一隻正在奔跑的毛茸茸的動物身上。王子牢牢地坐在牠的身上大叫道：「啊哦哦哦哦！」

　　這頭野獸是一隻鬣狗，牠背著王子穿過大森林，一直衝到另一個王國的城市的大型廣場上。王子像玩耍一樣騎在這隻野獸的身上對著驚訝萬分的人群大聲喊叫道：「你們為什麼那麼驚奇啊？我只是騎在一隻鬣狗身上。那是因為我的獅子腿瘸了。其實，我更喜歡騎著獅子滿街跑，牠們會馱著我回

到國王身邊的。」

這個王國的耶圖公主看到了這一幕,聽到了王子所說的話,她一下子就愛上了這個自己完全不熟悉的小夥子。但是,她也明白,小夥子對人們說出那樣的話是因為心裡害怕。因為,王子剛剛在鬣狗身上喊出的「啊哦哦哦哦」是敵對雙方交戰時使用的口號。王子看到耶圖公主時也被她的美貌所吸引。

過了一段時間,辛塔耶胡王子和耶圖公主兩個人準備結婚了;但是,在結婚之前他們收到一個消息:婚禮需要推遲。一頭獅子襲擊了村莊,吃掉了幾個村民,國王命令辛塔耶胡王子前去解決獅子。

公主知道王子非常緊張害怕,就帶來大麥酒和蜂蜜酒給他飲用;因為據說,人在飲用大量美酒後便會忘記害怕和悲傷。

飲過酒後的王子忘記了恐懼,他勇敢地來到受獅子襲擊的村子裡。在等待獅子再次出現的時間裡,王子就待在樹上。不久後,王子在樹上睡著了,一不小心就從樹上摔了下來。王子的馬受到驚嚇撞在一棵樹上,所有的大麥酒和蜂蜜酒都灑到了地上。獅子聞見濃郁的酒香,嗅著味道找到那棵樹,牠一口氣舔完了所有流淌在地上的大麥酒和蜂蜜酒,然後,呼呼大睡起來。這時掉下樹的王子頭腦昏昏的,錯把獅

子當成自己的馬匹，他騎在獅子的身上拍打著牠的屁股。隨後，受驚的獅子開始朝著王宮方向瘋狂地跑去。辛塔耶胡王子再次高唱起自己的詠嘆調：「啊哦哦哦哦！」獅子馱著王子直抵城市廣場，聚集在廣場上的老百姓都難以置信地看著眼前的一幕。最後，被酒精控制住的獅子疲憊地癱倒在地。於是，王子說：「我本來想殺死獅子，但是，我的馬逃跑了。別無他法，我只能騎著獅子回來！」國王看到自己的兒子如此勇敢，心中非常高興。

　　不久後，王子和公主舉行了盛大的婚禮。夫妻兩個人決定忘記那段令人害怕的歷史。他們幸福地生活在了一起。除了他倆之外，還有一隻鬣狗和一頭獅子——牠們兩個生活在王宮的花園裡，但是，距離王子卻很遠。

鼓的故事

（幾內亞）

在幾內亞比熱戈斯群島 [05] 有一個傳說：第一個登上月亮的是一隻長著白鼻子的猴子。

傳說，有一天，長著白鼻子的猴子們聚集在一起商議要到月亮上去，並把月亮帶到陸地上來。

可怎樣才能到月亮上去呢？最小的一隻小猴子想出一個主意，牠們可以一個站在另一個肩膀上，再一個再站在這個肩膀上，用這種接竹竿的方式一定能到了月亮上。

但是，這樣做的時候最下面的猴子開始感覺勞累，而且很快就支持不住了，一聲喊叫過後猴子們全部掉了下來。意志頑強的猴子百折不撓，一次又一次地向上攀爬，卻一次又一次地摔到地上。有幾次，牠們已經觸控到月亮了，但卻上不了月亮。最後一次，那隻最小的猴子用力地抓住了月亮的身體，月亮終於看到了牠並朝牠伸出自己的雙手，幫牠登上自己的身體。

月亮非常喜歡小猴子，贈送給牠一面小鼓作為禮物。

---

[05] 比熱戈斯群島：大西洋的群島，由十八個主要島嶼和多個小島組成。

　　小猴子開始在月亮上學習打鼓，不管牠走到哪裡都在不停地敲打自己的小鼓。一天天過去了，牠開始想念自己的家鄉，隨後，牠請求月亮幫牠回到地球上。

　　「你為什麼想回去呢？」

　　「我想念大地，那裡有很多樹木：棕櫚樹、芒果樹、金合歡樹、椰子樹和香蕉樹。」

　　月亮讓小猴子坐在鼓面上，然後，她用一根繩子綁住鼓慢慢地往地球放去。接著，月亮對小猴子說：「現在我把你往地面放下去，可是，你必須記住我下面說的每一句話。在你到達地面之前不要敲打小鼓，當你的雙腳站在地面上的時候你要用力地敲鼓，我聽到鼓聲後便會把繩子割斷。」

　　小猴子感到非常幸福，牠坐在鼓上慢慢地往下降。但是，在鼓剛剛下降到一半的距離時，牠以為月亮聽不到自己小聲地敲鼓聲，於是牠高興地敲了一下小鼓。然而，風把鼓聲帶到了月亮的身邊。月亮聽到鼓聲後，以為小猴子已經抵達了地面就割斷了繩子。這一邊，小猴子立刻迅速地朝著自己出生的小島掉下去。只聽「砰」一聲巨響，猴子和鼓落在了地面上。小猴子在死之前，對那個試圖挽救自己、僅有一面之緣的小女孩說：「請把這個鼓交給你們國家的男人們。」

　　女孩被這突如其來的事情嚇到了，她奔跑著把自己看到的事情告訴所有的男人們。人們手持火炬相互傳遞這個消

息，於是，生活在非洲大陸上的人們第一次聽到了巴圖克美妙的鼓聲。隨後，男人們仿製了很多鼓。所有的非洲人都非常喜歡這個樂器。鼓可以給很遠的地方傳遞消息，在節日裡，也可以用牠來慶祝。從此，巴圖克鼓成為非洲人民的摯愛，在歡樂或悲傷的日子裡都有牠的身影，因為牠可以吶喊出每個演奏者偉大的靈魂！

鼓的故事

會巫術的月亮和她不會洗衣服的女兒

（莫三比克）

　　月亮有一個白色的女兒，而且，她已經到了婚嫁的年紀。有一天，一個混血印度商人出現在月亮的家裡，請求她允許他和她的女兒結婚。月亮說：

　　「怎麼可能！你是一個混血印度商人！印度商人不吃老鼠肉也不吃豬肉，也不喝啤酒……除此以外，我的女兒還不會洗衣服。」

　　印度商人回答說：

　　「儘管我是一個混血的印度商人，可是，我覺得並沒有什麼阻礙。你的女兒可以繼續吃老鼠肉、豬肉，喝啤酒……她不會做家務也不要緊，我的姐姐妹妹們可以去洗衣服。」

　　月亮回答說：

　　「如果一切像你說的那樣，你可以娶我的女兒。她是一個非常好的女孩。」

　　混血的印度商人帶走了月亮的女兒。兩個人到了商人家的時候，出來迎接的是商人的母親。當她知道自己的兒子迎娶了一位吃老鼠肉、豬肉，喝啤酒的女人後，認為有必要讓

她戒掉那些壞習慣。此外，女孩還補充說她自己不會洗衣服。聽到這裡，混血印度商人的姐姐妹妹們冷冷地看著她。

兩天後，混血商人離開家到森林裡去打獵。他不在家的日子裡，他的幾個姐姐和妹妹命令小女孩和她們一起做家事，還讓她到河邊去洗衣服。小女孩傷心地哭起來。

幾個大姑子和小姑子一直在責備她：

「你一直在這裡流淚，難道，我們是邀請你來哭泣的嗎？……這樣不行！你應該學習做家務，這些都是我們女人應該做的工作。」

接著，她們不再說話，一把拉住小女孩的手把她帶到河邊。

她們把洗衣槌遞給她，並命令她學習洗衣服。

女孩開始用洗衣槌捶打衣服，但是，心裡卻很痛苦，豆粒大的淚珠不停地從她臉上滑落。她一邊洗衣服一邊抱怨說：

「他曾經和我母親說得很清楚，不用我自己洗衣服……」

當她說這些話的時候，她手中的洗衣槌一直在上下翻飛，慢慢地，她開始從河邊的石頭之間消失了。幾個大姑子和小姑子看到這一幕非常吃驚，眨眼間女孩就在她們面前徹底消失了。

看到這奇怪的現象，混血商人的姐姐妹妹們扔掉了手中的洗衣槌，並立即跑回家中，把這件稀奇古怪的事告訴了她

們的母親。老太太聽了女兒們的講述,心裡非常害怕。當兒子回來的時候,她急忙把這件事告訴他。

混血商人得知自己妻子消失的消息後,大聲地責罵自己的姐妹們,怪罪她們為什麼不履行自己的諾言。隨後,他急忙趕到月亮家裡把事情的前因後果告訴岳母。

月亮非常生氣地說:

「我女兒消失了,都是因為你沒有履行自己曾經許下的承諾。不過,我的女兒還會再出現的!」

「但是,她是從地下消失的,我怎麼樣才能找到她啊?」

月亮壓制著自己的怒火,語氣和緩地對他說:

「好吧!我找一些動物去想辦法,我自己也想想讓女兒回來的法子……你現在就去我女兒消失的地方,並在那裡等著我。」

混血商人離開之後,月亮叫來一名僕人命令道:

「你去告訴野豬、羚羊、瞪羚、野牛、烏龜,讓牠們在我女兒消失的地方集合。」

僕人跑去執行主人的命令。動物們很快應邀出現在指定的地方,月亮也提著一籃子毛草籽來到那裡。當她抵達河邊的時候,她把所有的毛草籽倒在一塊石頭上,並命令野豬去吃毛草籽。

野豬邊吃毛草籽邊唱道:

「我是野豬，為了你我正在吃毛草籽，女孩，聽到我的聲音請你回答！」

這時，野豬聽到了小女孩挖石頭的聲音，她在地底下回答說：

「我不認識你！」

野豬有些不耐煩，扔掉了手中的石頭，垂頭喪氣的。接下來，羚羊同樣一邊吃毛草籽一邊唱：

「我是羚羊，為了你我正在吃毛草籽，女孩，聽見我的聲音請你回答！」

地下再次傳來女孩的聲音，她說：

「我不認識你啊！」

瞪羚和野牛也同樣跪在河邊，使用同樣的方法和女孩說話，但是，女孩也給出牠們兩個同樣的回答：

「我不認識你！」

最後一個趴在石頭上的動物是烏龜，當牠吃毛草籽的時候也在唱：

「我是烏龜，為了你我在吃毛草籽，女孩，聽見我的聲音請你回答！」

女孩唱起了歌，她的聲音非常悅耳動聽：

「是啊，烏龜，你的聲音我曾經聽到過……」

慢慢地，女孩開始從河邊的石頭之間出現了，並且，手裡還拿著一根洗衣槌。當她完全現身後，她就非常安靜地站在那裡。動物們非常好奇地聚集在女孩的身邊。

接著，月亮說：

「現在，我的女兒已經不能繼續做混血商人的妻子了，因為，他沒有履行自己許下的諾言。從現在開始，我的女兒將有自己新的未來，她將成為烏龜的妻子。因為，是牠的聲音讓我的女兒重新出現的。」

烏龜大聲地說道：

「能和女孩結婚我心裡非常地高興。我會為她準備一件非常奢華的衣服，這件衣服會伴隨她一生，伴隨她走到她生命的盡頭。」

烏龜說的奢華衣服其實是一個烏龜殼 —— 牠把一個製作精美的烏龜殼遞給女孩，這個龜殼和烏龜的一模一樣。

烏龜和月亮女兒聯姻的事情迅速在烏龜家族中成為人盡皆知的事情⋯⋯

我回來了……

（安哥拉）

　　一位年輕人獨自走在海邊。突然，他停下自己的腳步。

　　沉默讓他的內心深處陷入沉睡，拍打在岩石上的海浪把他從絕望中喚醒。突然，在灌木叢裡出現幾個陌生且白色皮膚的男人。陌生人把他抓起來，並用鎖鏈捆綁起來。他的勇氣和恐懼在那一刻進行了長時間的鬥爭……他開始呼喊自己的父母，並祈求上帝保佑，但是卻沒有任何人聽到他的喊叫聲。突然，更多白皮膚的男人聚集在一起恥笑他的懦弱。他看到自己沒有其他出路，這位安哥拉的年輕人便試圖攻擊白種人當中的一個，但是，白皮膚的男人卻躲過了他的拳頭。隨後，白人男子的反擊令他眼前一片黑暗。

　　肚子裡飢餓的饞蟲把他從無盡的沉睡中喚醒。現在，他仍然有些昏昏沉沉，看見另一隊人出現在他的面前。他們每個人都用懷疑的眼光看著這一切，他們的眼裡充滿了恐懼。

　　在那次行進中，很多人死亡，他們的屍體被扔在海邊。幾天後，在這片堅實的大地上，他們中活著的人會像其他動物一樣被迅速販賣掉。年輕人的心裡充滿「思鄉情」，他和其

他的黑人一樣被帶到一個很遠的地方。他們被一些白人主人和監督者的皮鞭無情地抽打，卻沒有機會解釋出一個字。

一天，年輕人逃走了。但是，他並沒有逃多遠就被森林裡的一個軍官逮捕，作為懲罰，他被抽打了五十皮鞭，之後還要負責搬運木材。他的鮮血流在那片不是自己國家的混帳土地上。

很多年過去了，他一直渴望得到的自由卻依舊是遙遙無期。很多次，他親眼看見那位白人先生怎麼欺辱我們黑人女性，並迫使她們把自己交給他。當她們拒絕先生的命令時便會遭到無情的毆打。而那白人先生的太太覺得自己受到極大的屈辱，她想報復一個女奴隸。她命令自己的打手把那位受到她丈夫凌辱的女人的乳房切下來，讓她未來不能再哺育自己的孩子。

安哥拉年輕人不能忍受這一切，他再一次選擇逃跑。在逃跑的路途中，他遇到其他逃跑的黑人，他們帶著他跑到一個小山頂上，那裡有一個設防的村子 —— 奴隸村，所有的一切都是奴隸們負責建設維護。

在奴隸村他學會了使用武器，最重要的是，他教導孩子們有價值的非洲文化。他在那裡認識了自己未來兒子的媽媽、他的妻子。後來，他有了孩子，他把孩子抱起來，並把他高高地舉起來。在星星下面，他向造物主展示著自己的孩

子，至高無上的神靈……

再後來，在陌生和白色皮膚的男人中出現新面孔，他們擁有一顆純潔的心靈，是他們要求廢除奴隸制度。很多人為此努力奮鬥，卻被囚禁起來。廢除奴隸制的呼聲越來越高，法律也逐漸生效，儘管執行的速度非常緩慢，但是，奴隸制最終會走向滅亡：埃塞比奧·格伊盧茲法案，廢除黑奴法案，最終都得以落實。

這位安哥拉的老頭現在看著自己的子孫後代可以自由地在村子裡奔跑。他們跟隨自己的父親一起學習古老的傳統，孩子們學習抬起頭走路。

有一天，老人聽到自己內心的聲音。他獨自走到那片自由的海灘，無比堅信地看著天邊。現在，他好像聽海浪把自己父母的聲音帶到了自己的身邊。

黑夜用自己的毛毯遮蓋住安哥拉老人……鼓聲消失了……在安靜的心裡，他自己的話在慢慢地迴盪：「我回來了……我回來了……」

珍珠雞

（安哥拉）

很久以前，所有的鳥兒都幸福地生活在非洲的森林和平原上，直到一個叫嫉妒的東西在牠們中間產生，讓牠們變得難以繼續生活在一起。

那時，所有的鳥兒都非常羨慕烏鶇一家，因為，牠們長得很漂亮。雄性烏鶇擁有一身黑色的羽毛，橙黃色的喙；雌烏鶇有一個黑色的背，胸口泛著棕色，還有著褐色的斑點，在喉嚨處還有一些白色的斑點。所有鳥兒的願望是能夠像牠們一樣漂亮，因此，牠們成為了大部分鳥兒嫉妒的對象。

性格自大的烏鶇承諾為所有的鳥兒賦予漂亮的外貌，但是，牠們必須遵守烏鶇的命令。很快，牠把所有鳥兒的羽毛變得發黑亮麗。但是隨後，鳥兒們開始不遵守烏鶇的命令了。所以，牠非常憤怒，並發誓一定要進行報復，牠用一場瘟疫把鳥兒們的羽毛變成不同的顏色。

珍珠雞在這場事故中，羽毛變成了灰色、白色或藍色。牠意識到自己的弱點 —— 非常瘦，於是牠決定在自己的身上塗畫像豹子一樣的斑點。但是，豹子們不能容忍也不能承受

　　另一個動物擁有像牠一樣的斑點。

　　自從那天起，聰明的珍珠雞一直在逃避其他動物的追殺，牠總是在抱怨自己身體瘦弱、渾身無力。牠細小的雙腿支撐著牠的身體總處於逃跑的路上。

兩姐妹

（南非）

很久以前，有一對姐妹，姐姐叫奧美盧瑪，妹妹叫奧美盧卡。兩個人非常喜歡在外面嬉戲打鬧。有一天，她們的父母要出遠門參加節日派對，便對她們說：

「你們要小心陸地上和大海裡的動物，已經有很多人被那些惡魔帶走了。你們一定要留在家裡，並且不能發出吵鬧聲。當你們兩個人做飯的時候必須點小火，這樣煙霧便不會把動物們吸引到這裡來。你們在舂米的時候，一定要安靜，不要讓惡魔們聽到。但是，最重要的是，不要出門和其他的女孩子一起玩耍，一定要留在家裡。」

姐妹二人答應了。當父母離開的時候，她們揮手和父母告別。

整個上午，兩個人都留在家裡。但是，隨著時間一分一秒地過去，她們開始覺得肚子很餓。接著，她們開始舂米烹飪糊糊粥 —— 在烹飪時她們放聲大笑，一項烹飪工作被她倆變成了一場打鬧；為了讓糊糊粥盡快煮熟，她們還生起一堆大火 —— 兩個人早已忘記了父母臨行前的叮囑。

吃完午餐後，她們離開家和朋友們去田野裡玩耍，她們一起嬉笑打鬧。

當她們正玩得起勁時，一個巨大的吼叫聲從森林裡傳出來，另一個吼叫聲從大海裡傳出來。然後，出現很多惡魔，牠們開始抓捕年幼的孩子們。孩子們都嚇壞了，兩姐妹開始快速地奔跑。但是，已經遲了。一個惡魔把奧美盧瑪帶到海裡，另一個惡魔則把奧美盧卡帶到地下。

兩個女孩子都懊悔地想：「如果我們聽了父母的話，現在就不會被惡魔吃掉了。」

但惡魔們並沒有吃掉她們，而是把她們當成奴隸販賣到距離自己家鄉很遠的地方。奧美盧瑪被一個男人買了回去，他和她結了婚。年輕的妹妹奧美盧卡的運氣則沒有那麼好，她被一個樣貌凶殘的男人買走當奴隸。從此，她為了完成主人交給的任務沒日沒夜地工作著。

一段時間之後，凶殘的男人又把她賣給另一個男人。可情況依舊非常糟糕，這個男人比凶殘的男人更加殘忍，總是無休止地虐待她。這樣的日子過了很多年。

奧美盧瑪和自己的丈夫相敬如賓地生活在一起，不久後，她生下一個可愛的兒子。她的丈夫來到市場上準備購買一個奴隸以幫助妻子照看孩子。這時，妹妹奧美盧卡正在市場上等待著被再次販賣。就這樣，奧美盧卡成為了自己姐姐

的奴隸。由於她多年受到無情的摧殘,樣貌變化太大,姐姐奧美盧瑪根本沒有認出她。

　　每天上午,奧美盧瑪去市場採購的時候,都要把孩子交給妹妹照看,同時,還要給她安排很多家事。奧美盧卡開始勤勞地工作,但是,工作實在太多。她外出撿柴火時,一聽到孩子的哭聲,就急忙回到家裡;所以,她並沒有撿到足夠的柴火。姐姐到家的時候,由於妹妹沒做完姐姐交代的活,姐姐便對她進行了責打。但如果她不精心照顧哭鬧的孩子,鄰居們也會把這告訴姐姐,妹妹依舊要挨一頓責打。

　　她也想在撿柴火時帶著孩子,但是,她並不確定她有辦法抱著襁褓裡的孩子撿柴。

　　一天上午,孩子又開始大聲哭鬧,她把孩子抱在自己懷裡輕輕地搖晃著。一個鄰居走到她身邊問她為什麼不去做家務。她害怕被鄰居告狀,急忙去做家務;但是,孩子又開始哭起來。沒有辦法,她只能又回到孩子的身邊,坐在那裡再次輕輕地晃著孩子。她不知道自己該做什麼,最後,她哼唱起一首歌:

　　啦啦啦,小寶寶不要哭。
　　媽媽告訴我們不要生起大火,
　　但是,我們卻點燃大火。
　　媽媽告訴我們不要大聲喊叫,
　　但是,我們卻大聲喊叫。

媽媽告訴我們不要出去玩耍，

但是，我們在外面玩耍。

所以，森林和大海的惡魔把我們帶走了。

把我們帶到很遠、很遠的地方！

我的姐姐在哪裡呢？

她被帶得很遠、很遠！

啦啦啦，小寶貝不要哭。

一位老太太聽到了這首歌謠，她記得她曾經聽奧美盧瑪唱過這首歌謠 ——「很久以前，她們被大地和大海中的惡魔帶走」。她猜想這個女奴隸也許是奧美盧瑪的妹妹。於是，老太太跑到市場和奧美盧瑪講述了這件事情。

第二天，奧美盧瑪依舊交代給奧美盧卡幾項工作，之後她便來到市場上。可不一會兒，她又折返回來。她看到自己的妹妹正忙碌工作著，在她做家務的時候，還要哄孩子。最後，奧美盧卡坐在孩子的身邊，搖晃著小寶寶唱起那首老太太聽到的歌謠。

奧美盧瑪聽到歌謠，認出了自己的妹妹。她流出痛苦和懊悔的眼淚，走到自己妹妹的身邊請求她的原諒。

兩姐妹擁抱在一起傷心地哭泣。接著，奧美盧瑪給自己的妹妹以自由，並且發誓以後再也不會虐待任何一個奴隸。她丈夫回到家得知這個消息也非常高興。從此，她們非常幸福地生活在一起。

烏龜與豹子

（奈米比亞）

　　烏龜像往常一樣心不在焉地走在回家的路上。而黑夜已經開始用自己黑色的毛毯把整個森林遮蓋起來，天色只差一點點就全部暗下來了。

　　突然，烏龜掉進了一個陷阱裡！

　　這是一個上面覆蓋著棕櫚樹樹葉的深坑。這個陷阱設在森林裡的小道上，是當地村民設下的陷阱。

　　烏龜要感謝自己擁有堅硬的龜殼 —— 掉進陷阱的時候牠並沒有受傷。可是，牠怎麼離開這裡呢？牠必須在天亮之前找到一個逃離陷阱的方法，不然，牠就會變成村民的下湯料……正在牠陷入沉思的時候，一隻豹子也掉進了這個陷阱！烏龜嚇得跳了起來，牠不自然地假裝牠是在自己的家裡，然後，大叫著對豹子說：

　　「你在這裡幹什麼？你怎麼能以這種方式進我的家呢？難道，你不會敲門徵求主人的意見嗎？！」

　　牠不停地大喊大叫：

　　「你沒有看見自己在哪裡嗎？難道，你不知道我不喜歡晚

上有人到我家裡嗎？你趕快離開這裡！你瞧瞧自己那沒有教養的樣子！」

　　烏龜太無禮了，讓豹子感到非常憤怒。牠抓起烏龜，然後用盡全身的力氣把牠扔了出去 —— 扔出了陷阱！

　　烏龜覺得幸福極了，牠安靜地往自己家裡走去！

　　陷阱裡只剩下一頭憤怒的豹子。

豹子和狐狸

（象牙海岸）

　　狐狸經常欺騙豹子，這讓豹子憤怒不已。但牠總也抓不到狐狸，牠想把狐狸做成一鍋肉湯。

　　一天，豹子想到一個主意：牠躺在洞穴裡裝死。

　　當森林裡的動物得知這個消息時都非常高興，所有的動物都認為豹子是該死的傢伙 —— 牠活著只會讓其他的動物感到恐懼！激動的動物們跑到豹子的洞穴旁看牠是真死還是假死。

　　但是，狐狸卻對此產生了懷疑。牠非常聰明，一直站在距離豹子洞穴很遠的地方，仔細地觀察著現場。後來，牠站在大家身後大聲說：「我奶奶去世的時候曾經打了三個噴嚏。假如豹子真的死掉了，牠也會打三個噴嚏。」

　　豹子聽到了狐狸的話，為了證明自己真的已經死掉了，牠立刻打了三個噴嚏。

　　「豹子是個大騙子，牠還活著！」狐狸大叫起來。

　　憤怒的豹子站起來，受到驚嚇的動物們四散而逃。狐狸在自己對手的面前笑著逃走了。然而豹子並沒有放棄抓捕狐狸的想法，牠開始制定新的抓捕計畫。

　　沒過多久旱季到了，動物們都需要到豹子洞穴附近的一個湖泊裡喝水。所以，豹子決定在那裡等著狐狸的出現。

　　牠安靜地躺在那裡，並等待狐狸的出現⋯⋯

　　豹子日夜不停地監視著湖面。

　　終於有一天，狐狸感覺自己非常口渴，決定去湖邊喝水。牠同樣也制定了一個計劃。牠在自己身上塗遍蜂蜜，然後，將乾樹葉貼在身體上。當牠來到湖邊的時候碰見了豹子，牠的對手仔細地觀察著牠並問道：

　　「你是什麼動物？我怎麼不認識你啊？」

　　狡猾的狐狸回答說：

　　「我是葉子獸！」

　　「好吧，你可以去喝水了。」

　　豹子看著在湖水中急急喝水的狐狸懷疑地問道：

　　「你非常口渴嗎？」

　　這時，湖水稀釋了蜂蜜，樹葉紛紛從狐狸的身上掉落下來。

　　當最後一片樹葉掉落在地上時，豹子才恍然大悟 —— 原來是一個騙局！牠一下子跳了起來；但是，聰明的狐狸已經哈哈大笑著逃跑了。

鬼鬼祟祟的獵人

（莫三比克）

佩德羅在自己父母家裡吃午餐，他專心地和他們談話。因為，最近發生了一些非常可疑的事情。

他的父親說：「樹林裡有一個鬼鬼祟祟的獵人[06]，若阿金是一名保全，卻總是說自己沒有任何責任。但每天晚上都會有兔子和家禽失蹤，難道牠們不是被人偷走了？」

佩德羅打斷父親的話說：「爸爸，保全若阿金沒有看見鬼鬼祟祟的獵人嗎？」

「他對我說他只看到一個獵人來到這裡！那個獵人的個頭很高，身體也很強壯，臉上長著濃密的鬍子！」父親回答說。

小佩德羅一直在想著鬼鬼祟祟的獵人，他覺得有一天若阿金會做出一些犯罪的事情。

「如果我有一桿像若阿金那樣的獵槍，我也可以每天晚上無所畏懼地到處閒逛！總有一天會真相大白的！」小夥子說道。

---

[06] 鬼鬼祟祟的獵人：在莫三比克，鬼鬼祟祟的獵人多指打家劫舍的土匪。

　　兩天後在太陽下山時，佩德羅找到一個機會。當時他坐在自家房子高處的窗戶旁邊對四周進行祕密觀察。他發現自己的朋友湯瑪斯 —— 保全若阿金的兒子站在自己家前面的小山上。

　　當他仔細觀察時，眼前出現了一個身體強壯、個頭很高的男人，隨後他消失在父親種植的樹林裡。

　　夕陽散發出微弱的光芒，陌生男人手臂下夾著一桿獵槍。佩德羅立即想到這個人可能就是鬼鬼祟祟的獵人。

　　「這個時間誰會到父親的樹林裡呢？他的個頭很高，手裡拿著獵槍！如果他是鬼鬼祟祟的獵人，現在我該怎麼辦呢？」

　　佩德羅走下樓，來到車伕海梅的家裡。

　　「海梅，海梅！」他氣喘吁吁地喊道，「在樹林裡有個鬼鬼祟祟的獵人！你能不能抓住他？」

　　「小佩德羅，你安靜一下！你在和我開玩笑！」海梅笑著回答。

　　「海梅，我發誓自己說的一切都是真的！請你跟我一起去看看，不然，他會拿走我父親所有的兔子和家禽！」小夥子抓住車伕的手臂說。

　　「你不要在這裡亂說！我還有很多事情要做，如果你願意可以自己去抓那個鬼鬼祟祟的獵人！」車伕拒絕道。

　　佩德羅明白繼續哀求海梅是徒勞的，所以，他急忙跑了出去。

　　他想：「已經沒有時間再去求人幫助了，我自己可以到樹林裡抓住他！」

　　他朝著樹林的方向跑去。在之前，他還曾經想像過也許會撞見那個陌生人，但現在真的撞見了。

　　「小夥子，你是誰啊？」那個陌生人問道。

　　「你沒有必要知道！」佩德羅粗魯地回答 —— 他非常勇敢。接著，他對陌生人說：「你是鬼鬼祟祟的獵人！我們的保全若阿金已經看到你在這裡出現過 —— 高高的個頭，臉上留著鬍子，身上背著一桿獵槍！今天，你又到我父親的樹林裡打獵！請你跟我走！」

　　陌生人笑了。

　　「你想把我帶到哪裡去啊？」陌生人問道。

　　「我要把你帶到父親家裡！以後，你不能繼續偷盜了，我的父親非常生氣！」

　　「如果我試圖逃跑呢？你會怎麼樣呢？」男人問道。

　　「我會一直追你，我相信自己跑步的速度一定比你快！除此以外，我還可以大聲呼喊保全若阿金；所以，你最好和我一起走，不然到最後，若阿金一定會對你一頓拳打腳踢！如果那樣的話，用不了多久你就會成為一名囚徒。」佩德羅回

答說。

「好吧！我跟你一起走。」陌生人說道。

佩德羅抓著陌生人外套的袖子走出了樹林，他要把他帶到自己父親的家裡。陌生人溫順地跟在他身後，並沒有任何想要逃走的意思。

佩德羅認為自己非常勇敢 —— 他剛剛獨自一人抓住了鬼鬼祟祟的獵人。

他心裡非常高興，不久後所有的同學都會知道他勇敢的事蹟 —— 面對一個鬼鬼祟祟的獵人，他心裡沒有任何畏懼。

佩德羅已經把自己看成是一個真正的小英雄了。

當他們到家的時候，他把鬼鬼祟祟的獵人關在花園的棚子裡，然後大叫著：「爸爸，爸爸！你快看，鬼鬼祟祟的獵人！我抓住了他，還把他關在棚子裡！他有一桿獵槍和袋子，裡面肯定裝滿了兔子。」

爸爸媽媽急忙從屋裡走了出來，臉上滿是驚訝的表情。

「你們小心一點，不要太驚訝！」他對父親說。

父親打開棚子的門往裡面一看：「哎呀！」他大叫了一聲走進了棚子。

「吉列爾米！親愛的吉列爾米先生！你這是從哪裡來？我們一直期盼你能早點到來！」父親大叫著說。

　　高個子的男人臉上露出笑容，他也伸手抓住了佩德羅父親的手臂。

　　小佩德羅不明白發生了什麼事 —— 為什麼他的父親和那個陌生人是好朋友呢？

　　「這是你的叔叔吉列爾米！他之前一直在一個遙遠的國家捕捉老虎，現在他暫時會和我們一家人居住在一起。你這個孩子怎麼抓住了他？！他根本不是鬼鬼祟祟的獵人。」父親對佩德羅說。

　　「我的天啊！」

　　佩德羅的臉紅得像一個番茄，他慚愧地瞅瞅吉列爾米叔叔！

　　「對不起！事實上，我真的以為你是一個鬼鬼祟祟的獵人。」最後，佩德羅說。

　　然後他又對父親說：

　　「您也沒有和我說過吉列爾米叔叔要到這裡的事情啊！如果你告訴我了，或許便可以避免把叔叔關在棚子裡的事發生了！」

　　佩德羅的內心深處有些難過。因為，他的朋友和同學們看到或者聽說這件事後，一定會嘲笑他。他多麼希望有人能證明這件事不是一個笑話。

　　「你獨自把我抓住了，你是我見到過的最勇敢的孩子。當

你抓住我的時候，我真的感到非常意外！我保證將來一定會把你帶走。有你這樣勇敢的姪子讓我感到非常驕傲。」吉列爾米叔叔說。

做父親的也為自己的兒子感到驕傲，母親也是這樣認為。

因此，佩德羅也就不再為此事感到羞愧了。有時大家也取笑他把自己的叔叔關在花園的棚子裡，但他卻認為自己像電影裡的英雄。

後來，佩德羅和吉列爾米叔叔成為非常要好的朋友。

用不了多久，他們便可以開始漫長的旅行了。當然並非是去抓鬼鬼祟祟的獵人，而是去獵殺老虎。在那裡你可以盡力展示出自己的勇氣，因為非洲的森林裡從來不缺少危險。

羚羊和蝸牛

（迦納）

　　一隻羚羊遇到一隻蝸牛，牠非常瞧不起蝸牛，並對蝸牛說：「你是一隻不能快速奔跑的蝸牛，只能磨著地面慢慢地爬行。」

　　蝸牛回答說：「星期天你到這裡來吧，我會和你比試比試的！」

　　蝸牛找來一些紙條，並且在每張紙條上寫上：「當你看到羚羊的時候，請你對牠說：我是蝸牛。」然後，牠把紙條分發給自己的朋友們，並對牠們說：「當你們見到羚羊的時候，就按紙條上的話說。」

　　星期天，羚羊來到蝸牛居住的村子。而在這之前，蝸牛已經要求自己的朋友們躲藏在羚羊的必經之路上。

　　羚羊對蝸牛說：「我們來一場賽跑？！你和我一起跑？！你一定會遠遠落在我身後的！」

　　蝸牛不答話，一下子鑽進樹叢裡，羚羊也趕忙朝前跑去。

　　跑著跑著，羚羊大叫著說：「蝸牛，快跟上來啊！」

這時藏在路邊的動物就立刻回答：「我是蝸牛！」

聽到回答，羚羊以為蝸牛在牠前面，就趕忙拚命再朝前跑。

就這樣，羚羊每次發問，都有動物在前面回答牠，因此牠不得不再拚命跑。

最後，羚羊精疲力竭地倒在了地上，沒多久就死掉了。而蝸牛，依靠自己的聰明才智為自己贏得了賽跑的勝利，也為自己贏得了尊重。

名叫納馬拉索塔的男人

（喀麥隆）

　　曾經有一個名叫納馬拉索塔的男人，他是一個穿著破布條到處走的窮光蛋。有一天，他外出打獵。當他抵達森林的時候，看到一隻死掉的黑斑羚。當他準備燒烤黑斑羚的時候，一隻小鳥飛過來對他說：「納馬拉索塔，你不能吃那些肉。你繼續往前走會看到更好的東西。」

　　男人丟下準備燒烤的斑羚肉，繼續往前走。剛剛走出不遠，他又看到一隻死斑羚。他再次試著要燒烤斑羚肉，小鳥又一次飛到他的身邊對他說：「納馬拉索塔，不要吃那些肉。你繼續往前走會看到比現在更好的肉。」

　　男人聽從了小鳥的意見，繼續往前走 ── 直到他看到路邊的一座小房子。他停下了腳步，因為有一個女人站在房子前面呼喊著他的名字。但是，他身上穿著難看的破布條，所以他不敢走過去。

　　「你到這裡來啊！」女人一直朝著他呼喊。

　　納馬拉索塔只好走到小房子前面。

　　「請進！」女人恭敬地對他說。

由於自卑和貧窮，他不願意走進去；但是，女人堅持讓他進屋，最後，他慢慢地走進了那座房子。

「你先去洗個澡，然後，把這些新衣服換上。」女人對他說。

於是，他去洗了澡並換上新衣服和新鞋子。接著，女人對他說：「從現在開始，這個家就屬於你了，你是我的丈夫，我也會聽從你的吩咐。」

就這樣，納馬拉索塔結束了自己貧窮的生活。

一天，他要去參加一個節日派對，去之前，妻子對他說：「在節日宴會上，當你跳舞的時候千萬不能往後退。」

納馬拉索塔牢記妻子的叮囑，兩個人走出了家門。在節日宴會中，他喝了很多木薯啤酒，整個人也變得醉醺醺。他開始跟隨著巴圖克鼓的節奏歡快起舞。在音樂到達頂峰的時候，他開始不停地在人群中向後轉圈。

轉著轉著他又變成了以前的樣子：穿著破布條的窮光蛋。

田鼠和獵人

（衣索比亞）

很久以前，有一個獵人總是在地上挖陷阱。

有一天，當他前去檢視自己設下的陷阱時，遇到一隻凶猛的獅子：「早上好，先生！你到我的領地做什麼？」

「我前來檢視自己設下的陷阱是否捕捉到獵物。」獵人回答說。

「你應該給我上繳一些稅 —— 這片土地都是我的領地。你抓到的第一個獵物可以歸你所有；但是，第二個獵物必須給我。這樣才算公平啊。」

獵人同意了獅子的提議，並邀請牠一起前去檢視陷阱裡的獵物 —— 其中一個陷阱裡有一隻羚羊，根據約定，第一個獵物歸屬陷阱的主人。

有一天，獵人去拜訪自己的親戚，當天沒有回家。他的妻子是個盲人，她因為需要肉製作食物，便去檢視自己丈夫設下的陷阱，看是否有獵物掉進陷阱裡。但不幸的事發生了，因為眼盲，一個不小心，她和襁褓中的孩子一起掉進了陷阱裡。

獅子在樹叢中看到了這一幕，牠知道是人類掉進了陷阱

裡，於是牠站在陷阱旁邊等待獵人的出現，等待他把他們交給自己。

第二天，獵人回到家裡沒有看見自己的妻子和孩子。他只得跟著自己女人留下的腳印一路來到設下陷阱的地方。

當他看到自己的妻子和兒子被困在陷阱裡時，站在遠處的獅子正對他大聲說：「早上好，朋友！今天陷阱裡的獵物都是我的！在同一時間，掉進陷阱裡兩個獵物。我鋒利的牙齒已經準備完畢啦！」

「朋友，我們可以坐下談談。被困在陷阱裡的是我的妻子和兒子。」

「我不想知道這些。總之，今天的獵物是我的，我是叢林之王，況且我們有約在先，你必須履行承諾。」獅子大聲抗議道。

突然，一隻田鼠出現了。

「早上好，叔叔們！發生什麼事情啦？」小傢伙說。

「我們早有約定，但這個男人不想按約定支付給我稅金。」

「叔叔，如果你們已經約定好，為什麼不按照約定履行呢？

即便是你的妻子和兒子，也應該交給獅子。你把他們留下就可以離開了。」田鼠對獵人說。

　　獵人苦惱地離開了，留下了田鼠、妻子、孩子和獅子。

　　「獅子叔叔，你聽著，我已經說服了獵人把獵物給你。現在，你應該向我解釋一下這個女人是怎麼被抓獲的。我們模擬一下他們是如何掉進陷阱裡的。」接著，牠帶著獅子來到另一個陷阱旁邊。

　　當獅子模仿的時候，很自然，牠也掉進了陷阱裡。

　　就這樣，田鼠拯救了獵人的妻子和兒子，並送他們回到了家裡。

　　女人感謝田鼠令自己和孩子獅口脫險，便邀請田鼠居住在自己家裡，並且供給牠東西吃。

　　從那時起，田鼠開始和人類一起居住，而且，牠們會無所顧忌地啃咬所有能吃的東西……

我們家的祕密

(尚比亞)

　　一天，一個女人在廚房裡為爐子新增柴火，一些爐灰落在狗身上。

　　狗抱怨說：「女士，請你不要燒到我啊！」

　　女人感覺非常奇怪：一隻狗在說話！感覺非常不可思議……她又覺得非常害怕，於是便拿起攪拌食物的棍子敲打小狗。但是，棍子也同樣說話了：「狗並沒有做錯事，所以，我不想打牠！」

　　女人不知道該如何是好，她想出門去把小狗和棍子說話的事情告訴自己的鄰居。

　　但是，當她走出家門的時候，一股憤怒的風對她說：「你不要出門。我們家的祕密不能讓鄰居四處傳播。」

　　女人開始明白了，所有的事情都是因為她虐待小狗引起的。所以，她請求小狗原諒她，並且為牠拿來了午餐。

全憑一張嘴……

（莫三比克）

有一天，嘴巴故意問：「在人身體上，什麼器官是最重要的啊？」

眼睛們回答：「最重要的器官當然是我們 —— 觀察身邊發生的一切，還可以看見東西。」

「我們最重要，因為，我們耳朵可以聽到一切。」兩隻耳朵說道。

「你們在說謊。我們才是最重要的器官，我們可以拿東西。」兩隻手說。

這時，心臟也顫抖著說：「是我！我才是最重要的：我要為整個身體服務啊！」

「我負責裝所有的食物！」肚子也插話說。

「嘿！最重要的工作是支撐起整個身體，而這個工作是我們兩條腿在負責。」

正在牠們各抒己見、爭執不下的時候，出現了一碗麵條。兩隻眼睛看到了麵條，心臟開始變得激動，肚子等待得

有些厭倦了，兩隻耳朵也在仔細聽聲音，兩隻手端起碗，雙腿也在興奮地抖動……但是，嘴巴卻拒絕吃飯。

慢慢的，全身所有的器官開始變得虛弱無力……

最後，嘴巴又一次問出同一個問題：「你們知道在人類身體上哪個器官最重要嗎？」

「是你這張嘴，你是我們的國王。」所有的器官異口同聲地說。

愚蠢的主意

（幾內亞比索）

　　有一天，鬣狗先生收到兩個在同一時間舉辦的宴會的邀請，而且，這兩個宴會舉辦的地點對鬣狗家的位置而言，互為反向，且非常遙遠。舉辦宴會總是要殺牛的，眾所周知，鬣狗又是一種極其貪婪的動物。

　　「毫無疑問，兩個宴會我都要參加。我可不想辜負兩位東道主的好意，更不能失去大吃一頓的好機會，那裡的酒肉非常多……可是，兩個宴會的舉辦地都非常遙遠，我怎麼能同時參加兩個宴會呢？」

　　鬣狗思考著，想著…… 突然，牠用自己的手拍打著額頭。

　　「我有主意啦！這也太簡單了……」牠為自己的聰明而高興。

　　牠急忙走出家門，來到馬路上。這條馬路可通往不同方向的兩個宴會的舉辦地。鬣狗把自己的右腿放在馬路右邊，又把自己的左腿放在馬路左邊。

　　牠以為用這種方法便可以在同時到達兩個不同的宴會舉

辦地。牠努力地用自己的方式行走，可是沒過多久，牠就感覺兩條腿走起路來一高一矮。

突然，牠倒在了地上。大家急忙把牠抬到醫生家裡。隨後，醫生禁止牠用那種方式走路，並說牠必須在家裡吃一個月的牛肉才能康復。

最後，鬣狗終於承認採用那個方法行走真是一個愚蠢的主意！

鬣狗和蜥蜴

（莫三比克）

鬣狗先生決定和一隻名叫卡拉的蜥蜴建立友誼關係。

一天，鬣狗準備了一些啤酒對朋友卡拉說：「我們去喝啤酒吧！」

於是牠們喝了酒，卡拉蜥蜴有些醉了。牠問鬣狗：「朋友，你喜歡吃肉，如果有一天，我死在路上，你會把我吃掉嗎？」

「不會，絕對不會。我想成為你的朋友。」

後來，蜥蜴喝得酩酊大醉，牠與鬣狗告別時說：「朋友，我要回家啦。」

「再見！」

蜥蜴卡拉開始往家走去，但在半路上，牠就躺在地上睡著了。那邊鬣狗想：「我的朋友喝了很多酒，牠怎麼能安全地回到家裡呢？」

結果，鬣狗找到了躺在路上的蜥蜴。牠把蜥蜴攙扶起來說：「朋友，你是睡著了，還是喝醉啦？」

　　鬣狗抱著蜥蜴來回地搖晃，可是，牠沒有了回答，也沒有了呼吸。鬣狗抓住牠，把牠拖到一片灌木叢裡：「我的朋友死了。」

　　隨後，鬣狗開始撿來柴火並生起一堆篝火，牠把蜥蜴放在篝火上燒烤著。

　　灼熱使蜥蜴清醒了過來，牠用自己的尾巴擊打著鬣狗的眼睛，然後，迅速地爬上一棵大樹。

　　鬣狗和蜥蜴之間的友誼就這樣結束了。卡拉蜥蜴自此開始在大樹上生活，而鬣狗依舊在大地上奔跑，牠們兩個從此再也沒有見過面。

會拉小提琴的猴子

（南非）

有一年，猴子生活的這片土地上發生了不幸的事 —— 綠色植物、昆蟲全部消失了，剩下的只有飢餓。猴子不得不離開自己曾經生活的地方，牠想到別的地方尋找一份力所能及的工作。但幸運的是，牠得到了猩猩大伯的關心和呵護 —— 牠居住在這個國家的另一邊。

猴子為猩猩大伯工作了一段時間，當牠得知家鄉的情況有所好轉，便想回到自己的家鄉去。猩猩大伯為了獎勵他之前努力的付出，贈送給牠一把小提琴和一把弓箭。猩猩大伯對猴子說，這把弓箭可以幫助他捕捉到自己想要的任何東西，而小提琴可以讓牠隨時隨地快樂地舞蹈。

在返回家鄉的路上，猴子首先遇到了牠的好朋友狼先生。這位被猴子稱為老同事的狼先生給猴子講述了他所知道的所有奇遇故事，同時，還跟牠說從很早以前起自己就想捕捉一頭鹿，可是，卻總是徒勞無功的事。

猴子對狼先生講述了自己腰間佩戴的弓箭的傳奇故事。牠對狼先生承諾會使用這把弓箭讓牠得到自己想要的一切獵

119

物。當狼向牠指明鹿所在的地方時，猴子立刻拉弓射箭殺死了鹿。

狼先生非常羨慕、嫉妒猴子，牠向猴子索要弓箭，想把牠據為己有。當猴子拒絕了牠時，狼開始使用武力威脅猴子。弓箭到手後，狼又到處散播謠言：猴子偷走了屬於狼的弓箭，現在弓箭又回到狼手中。

猴子為此事找到了土狼，土狼推說自己沒有能力獨自處理弓箭的事情，牠建議把這件事提交至由獅子、老虎、豹子等動物掌管的法院進行調解處理。在說此話的時候，土狼表示牠更多地考慮到安全問題。

事實上，土狼早已和狼串通在一起了，就在猴子將案件遞交法院處理之前，土狼已帶著食物，跟蹤並伺機謀殺猴子。當然，機智的猴子並未讓牠得逞。

法庭上，猴子提供的證據非常少，而狼憑著那些謠言占了上風。現在，情況對猴子非常不利；因為偷盜是一項非常嚴重的犯罪行為 —— 猴子可能會被絞死。狼十分得意，牠以為牠可以名正言順地占有那弓箭了。

憤怒而無奈的猴子忽然記起了小提琴 —— 小提琴依舊在猴子身邊。在法庭上，牠說出了自己最後一個請求：演奏一曲小提琴曲。

猴子在演奏小提琴方面極具天賦，牠拉出的曲子可以打

動所有人，並讓凶猛的獅子保持安靜。

　　猴子開始演奏《金雞鳴唱》。不一會兒，法庭內外的動物開始變得異常興奮，然後動物們都充滿活力地隨著音樂起舞。

　　開始時，牠們還很享受，不久牠們就驚恐地發現自己根本停不下來 —— 即使牠們筋疲力盡地摔倒在地上，牠們的雙腳依然在不停地跳動。

　　可是，猴子只管把頭溫柔地靠著小提琴，瞇縫著雙眼，繼續拉奏小提琴。

　　狼是第一個大聲哀求猴子的，牠氣喘吁吁地說：「猴子老弟，請你停下來，不要再演奏了！看在上帝的分上，請你停手吧！」

　　但是，猴子卻像沒有聽見狼先生的哀求，繼續演奏《金雞鳴唱》。

　　過了一段時間，獅子也疲憊不堪了。牠對著猴子吼叫了一聲：「猴子，如果你停止演奏音樂，我可以把自己的王國送給你。」

　　「我不想要你的王國，但是，你們必須把弓箭歸還給我；而且，狼必須承認是牠霸占我的東西！」猴子說。

　　「我承認是我強占的，我承認！」狼先生大聲喊道。隨後，獅子宣布猴子無罪，並命令狼將弓箭歸還給猴子。

猴子並沒有停止演奏手中的小提琴，反而將琴聲拉得很大。直到牠拿回了自己的弓箭才跳上一棵長滿荊棘的大樹。

獅子和其他的動物仍然心有餘悸，牠們非常害怕猴子在這裡再次演奏讓人跳舞的音樂。

烏鴉和兔子的友誼

(莫三比克)

烏鴉是兔子非常要好的朋友。有一天，牠們約定好背著對方從一個村子到另外一個村子——這是為了讓所有人見證牠們兩個之間真摯的友誼。

首先，烏鴉背著兔子走在通往村子的路上。看見牠們的人們問：「烏鴉，你身上背著什麼啊？」

「我背著一個剛剛從那馬蒂亞回來的朋友。」只要有人問，烏鴉就這麼回答。就這樣，烏鴉背著兔子走了很多地方。

輪到兔子背烏鴉了。當牠們抵達一個村子時，當地的居民問道：「兔子，你背的是什麼啊？」

「哦，我背著羽毛、羽絨，還有一個很大的喙。」兔子說的話帶有嘲諷的味道。

烏鴉不喜歡朋友以這樣的方式說話，隨後，牠從兔子的背上跳了下來，兩個人的朋友關係也隨之終止了。

烏龜和蜥蜴

（莫三比克）

有一年食物緊缺，烏龜拿著自己節省下來的錢到納雅卡亞地區購買了一袋玉米。

當牠快到家的時候，看到一棵很粗的樹倒伏在路上。烏龜覺得自己不能背著玉米從樹上爬過去，所以，牠決定先把玉米袋子扔到樹的另一邊，然後，自己再慢慢地爬過去。

當牠把玉米袋子扔過去的時候，牠忽然聽到一個聲音大喊道：「萬歲，萬歲，我運氣太好啦！竟然從天上掉下一袋玉米。」

烏龜急忙爬過大樹，牠看到大聲喊叫的原來是蜥蜴 ── 牠緊緊地抓著烏龜扔過來的玉米袋子。

烏龜大聲抗議道：「不對，玉米是我剛剛買的，我正要把牠帶回家！」

蜥蜴卻不想聽任何的解釋，牠決定把玉米帶回自己家裡。牠對烏龜說：「我並沒有偷任何人的東西，起碼我是這樣認為的。我要去吃玉米了，因為我撿到一袋玉米。」

烏龜非常生氣，但是，牠卻什麼也做不了；因為牠跑不

了蜥蜴那麼快。

　　飢腸轆轆的烏龜第二天決定去找蜥蜴為牠的孩子們討要一些食物。

　　在前去蜥蜴家的路上，牠恰好看到蜥蜴剛剛爬入地洞，只留一個尾巴露在洞外面。

　　烏龜抓住了蜥蜴的尾巴，然後用刀子把牠割掉了。烏龜把那尾巴拿回家和自己的孩子一起吃掉了。

　　沒了尾巴的蜥蜴從洞裡爬出來之後就去找村長投訴說：

　　「烏龜砍掉了我的尾巴。請你命令牠到這裡來解釋為什麼砍掉我的尾巴。」

　　村長叫來了烏龜，牠問道：「是你砍掉了蜥蜴的尾巴嗎？」

　　聰明的烏龜說：「事實上，是我看到一條黑色的尾巴從洞裡露出來，所以，我把牠帶回家吃掉了；但是，是誰的尾巴我就不清楚了。除了一條尾巴之外，我什麼也沒有看到。」

　　「可是，那條尾巴是我的，你要賠給我！」蜥蜴大叫著說。

　　烏龜回答說：「不，我不會賠償。我只是做了你之前做的事情。在昨天，你看到我的一袋玉米，並把牠帶回家裡吃掉了。今天我看見了你的尾巴，也帶回去吃掉了。現在，我們算是扯平啦。」

　　村長覺得烏龜的話很有道理，便打發牠們離開了。

兔子的奴隸 —— 大象

（莫三比克）

有一次，兔子在外面散步，牠看到很多動物坐在一棵大樹的樹蔭下面。牠心裡充滿好奇，便問道：「發生了什麼事情？為什麼大家都聚集在這裡啊？」

一些動物解釋說：「我們要處理一個爛事，現在正在等待大象老大的前來。」

「什麼？什麼？大象是你們的老大？」兔子皺著眉頭問。

隨後，牠繼續說：「大象不是任何動物的老大，大象是我的奴隸。我總是坐在牠的背上到自己想去的地方！」

一些動物驚奇地問牠：「你那麼矮小，大象怎麼可能是你的奴隸啊？」

「矮小並不代表沒有價值。」兔子反駁說。

接著，牠用一種極具權威性的語氣大聲說：「我已經和你們說過，大象並不是什麼老大，牠是我的奴隸。所以，你們可以離開這裡了，那個問題牠也沒有能力幫你們解決。」

說完之後，兔子朝著自己家走去。一些動物也像牠一樣

離開了 —— 因為，牠們相信了兔子所說的話。

　　過了一段時間，大象抵達了會議現場，看到稀稀落落的會場，牠問道：「為什麼其他動物沒有到這裡啊？難道牠們都遲到了嗎？」

　　「不是這樣。」留下的動物們對大象說，「其他動物們剛才都在這裡，不久前，牠們才離開。這是因為兔子對牠們說你並不是我們的老大，而是牠的一名奴隸。」

　　大象氣得渾身發抖，憤怒的牠喃喃自語道：「啊！混帳東西，大騙子…… 今天，你竟然膽敢說出如此侮辱我的話，簡直是卑鄙無恥！」

　　而此時，兔子已經回到家裡並開始假裝生病。牠善良的妻子鋪開一張蓆子讓牠躺在上面。

　　正在這時，一隻羚羊趕到了這裡 —— 牠是兔子的小姨子，前來通知兔子大象已經在前往這裡的路上了，並且揚言要教訓牠一下。說完這些牠便立刻離開了。

　　狡猾的兔子假裝癲癇病發作不停地扭來扭去，同時，牠還大聲地呻吟著，說自己的心口很痛。

　　大象抵達兔子家時，臉色非常難看，牠大叫著：「兔子，你這個混帳東西，趕緊給我滾過來！」

　　兔子不停地低聲呻吟著，並磕磕絆絆地說出幾句話：「哦，請……原……諒……對……不……起！因為，我……不

太……好！我……的身……體……很……痛！我現在……非常……不舒服……」

「我不想知道這些！無論如何，你必須跟我到會議現場。因為，大家都聽到你說出的那些侮辱我的話 —— 說我不是他們的領導，而是你兔子的奴隸！」大象說。

「你……說得……很……對，但是，我已經……不能……跟你去那裡了，也……不能……陪……你啦！」

「我已經和你說過了，你必須和我一起去；即便我背，我也要把你背到那裡。」大象語氣強硬。

「那……只有這種辦法了……我……在家裡……已經這樣，如果……和你一起走很遠的路，一定……會很痛苦。」

接著，牠把自己的妻子叫過來，痛哭流涕地對她說：「把我的……新襯衫……給我拿過來。哎呀，哎呀…… 你再去……把我的新……褲子……拿過來。」

隨後，牠又說：「現在……你去把我的……新鞋子拿過來！以後，任何……事情……都有可能發生，即便……是去死，我……也要穿上……自己最貴的……新衣服。」

兔子穿上漂亮的衣服和鞋子。大象蹲在地上，兔子跳到牠的背上並穩穩地坐在上面。

在大象準備出發之前，兔子又大叫著說自己像一塊被晒裂的岩石，然後，牠對妻子說：「老婆，你把遮陽傘給我拿過

來，實在是太熱……陽光會加重我的病情啊！」

大象邁著飛快的步伐朝會議現場走去。

當牠們快要接近會場的時候，兔子已經不再假裝生病了，牠試圖裝成一位重要的人物，臉上露出幸福的微笑。

當在場的動物看到兔子非常莊嚴、完美地坐在大象背上時，所有的動物都開始驚呼：「你們快看啊！兔子說的一切都是真的。大象是牠的奴隸……是牠親自背著兔子來到這裡的。」

當大象停下來的時候，兔子動作輕盈且優雅地跳到地上，牠面對所有的動物說：「你們看到了嗎？你們看到了嗎？……我沒有告訴你們，大象是我的奴隸嗎？」

在場所有的動物大聲喊道：「是真的，先生，都是真的。大象不是大家的領導者！牠是背兔子走路的奴隸。」

大象意識到自己犯了一個愚蠢的錯誤，心裡充滿了羞恥感，便從會議現場離開了。

皮塔・蓬熱

（奈及利亞）

　　當一個嬰兒出生以後，他必須待在茅草屋中三到四個星期；嬰兒的母親也必須待在屋裡，而且她不能和屋外的任何人講話。這是因為，這時的嬰兒還沒有屬於自己的名字。只有等嬰兒的臍帶頭變乾燥，並且可以外出時，才能為嬰兒取名字。

　　為嬰兒取名字是一件非常重要的事情，要舉辦取名儀式。這個儀式被稱為「皮塔・蓬熱」。在舉辦取名儀式前，嬰兒的父親至少要買一頭羊，母親也要準備很多發酵的飲料以及美味的食物。儀式開始後，嬰兒的父親走進茅草屋，把孩子抱出來放在茅草屋的屋頂上，大聲喊出嬰兒的名字，如梅孔若・梅迪安加・姆布圖。與此同時，在場的人們都要大聲地喊出這個名字。取名儀式結束之後，客人們便可以享用美味的食物和飲料了。

　　所以說，舉行取名儀式，就像舉行一個歡樂的節日派對。

爲什麼狗會嗅味道

（烏干達）

很久以前，狗還沒有被人類馴化。狗有著各自的族群，各族群的領袖都在吹噓自己的能力比別族群領袖的更強大。

有一位領袖想要娶另一位領袖的妹妹；但是，由於牠們之間積怨太深，另一個領袖回答說：「不行！我不想你成為我妹妹的丈夫。」

被拒絕的領袖非常生氣，牠非常喜歡對方的妹妹。所以，牠命令牠的一位僕人到那個狗王國傳話：「如果你拒絕把妹妹嫁給我，我將會派出自己的軍隊摧毀你們擁有的一切。」

當傳完話的僕人完成使命正要離開的時候，這邊領袖的幾位謀士看到牠全身很髒：從臉上到身上沒有一處乾淨的地方。根據自己族群的習慣——一個人外出時必須梳洗乾淨，打扮靚麗，特別是提親的人更得如此——所以，謀士們問牠：「你為什麼不洗澡呢？」

僕人聽到謀士們的話非常尷尬。於是，謀士們命令自己的僕人為牠上上下下清洗乾淨，並且在牠的尾巴上噴灑香

水，讓牠全身散發出香味。

　　這個信使走在回去的路上，看著自己靚麗的裝扮覺得非常驕傲，以至於牠竟然忘記了自己要做的工作 —— 牠竟然開始為自己尋覓妻子了。直到今天，牠也沒有完成自己的任務。

　　所以從那個時候起，狗狗們碰面時，都會急忙嗅一下對方的尾巴，牠們想要找到那個尾巴上塗抹香水後便消失的信使。

母親和女兒

（安哥拉）

　　很久以前，在一個村子裡有一個女人她有兩個女兒：一個叫基桑加，另一個叫賓加。這個女人在家庭中既要做好媽媽的工作，又要扮演好爸爸的角色。

　　在當地有很多「馬基西斯」[07]。有幾次，村子裡的一些人被馬基西斯們抓走了。兩個女孩子的母親沒有其他維持生計的方法，她只是每天到田地裡進行耕種，給兩個年幼的女兒找些食物充飢。有一天，她前往田地時碰見了馬基西斯，他們把她當成食物抓起來帶到他們居住的地方。

　　兩個女兒等不到母親回來，她們就決定沿著母親去田地裡的道路尋找她。在路上，她們碰到幾個村民，大家都說沒有看到她們的母親。絕望的兩個女孩子找不到自己的母親心急如焚，她們甚至從動物那裡打聽看牠們是否見過自己的母親。直到她們遇見一隻鴿子才得知她們母親的下落。

　　她們請求鴿子去救她們的母親，鴿子們同意了，並成功

---

[07]　安哥拉土著語金本杜語的音譯，意為食人族的男人或者巨大的人類。

　　地救出了她們的母親。媽媽又回到兩個女兒的身邊，從此她
們過上幸福的生活。

豬和蒼鷹

（安哥拉）

　　豬和蒼鷹曾經是一對形影不離的好朋友。豬十分羨慕蒼鷹擁有的一對翅膀，牠不停地要求朋友也為牠找一對可以飛翔的翅膀。

　　蒼鷹願意幫助豬實現牠的願望。牠從別的鳥兒那裡找到一些羽毛，並且把羽毛用蠟黏在自己朋友的肩膀上和腿上。豬喜出望外，因為牠真的可以飛翔了。

　　牠不顧蒼鷹的警告，一定讓蒼鷹陪著自己飛到一個很高的地方，但是，由於氣溫漸高，牠身上的蠟開始融化了，羽毛開始一根根地掉落。隨著羽毛不停地掉落，心煩意亂的小豬也開始從高處往下落。當羽毛掉完的時候，豬也墜落在了地上，而且是鼻子著地。由於墜落時產生的巨大衝擊力，牠的鼻子變平了。這便是豬鼻子扁平的原因。

　　豬對蒼鷹大發雷霆，指責自己的朋友想要謀害自己；因為，牠沒有為自己黏好羽毛。

　　從此以後，豬和蒼鷹不再是朋友了。當牠看到蒼鷹在高處飛翔的時候，便會衝著牠哼叫，還會用懷疑的眼神看著牠。

豬和蒼鷹

創世紀

（馬里）

　　起初，上帝僅僅創造了太陽和月亮，牠們的形狀像罐子一樣。牠們是上帝的第一個創造。太陽呈白色並散發著光芒，有八個紅色的銅環圍繞在牠的身邊；月亮和太陽相似，也有八個白色銅環圍繞著牠。上帝把石頭灑在天空中，形成了星星。為了創造大地，上帝碾壓了一個泥塊，他把泥塊扔到空中，在那裡泥塊變得扁平，並且形成了包括南北極在內的不同的區域。

獅子和兔子

(尚比亞)

　　獅子喜歡上一位非常漂亮的女孩，牠決定娶她進門，便到女孩的父母家裡請求他們同意。

　　女孩的父母同意他成為自己女兒的男朋友；但是，他們對森林之王提出一個要求：用兩隻小兔子做聘禮。獅子同意了。

　　沒過多久，獅子便捉到了兩隻小兔子。牠把兔子裝進袋子裡後，便背著袋子朝自己未來的岳父岳母家裡走去。

　　在路上，牠碰見另一隻兔子，獅子請牠幫助自己一起把彩禮帶到岳父母家裡去。這隻大耳朵的傢伙接受了獅子的請求。

　　在路上，聰明機警的兔子對袋子裡的東西產生了懷疑，牠利用機會趁獅子不備偷偷地打開袋子一看 —— 兔子非常地驚訝，因為，袋子裡裝的兩隻兔子是牠的孩子。

　　兔子決定對獅子展開報復。牠把自己的孩子們從袋子裡救出來，並把一個馬蜂窩放在袋子裡。

　　當牠和獅子一起抵達獅子未來岳父岳母家的時候，獅子

對兔子說：「兔子，請你出去一會兒，我想和這對夫婦談一些私人的事情。」

「獅子先生，我當然可以出去啦。您最好把屋門關上或者鎖起來，這樣我便聽不到你們的談話啦！」

獅子欣然採納了兔子的建議，而兔子又在屋外面用非常結實的鎖子把房門鎖了起來。與此同時，森林之王高興地打開了袋子，準備讓自己未來的岳父岳母看看那兩隻小兔子。可牠沒想到，一群馬蜂飛了出來，開始瘋狂地蜇人。

兔子拯救了自己的孩子們，牠高興地領著孩子們回到了自己的洞穴裡。

宇宙葫蘆

（貝南）

　　葫蘆擁有很厚的外殼。很多人會把它裡面的果肉和籽剔除，製作成一件日用品 —— 可以用它裝水，還可以將它製作成手搖鈴。有時候，人們會把圓形的葫蘆從中間橫向切開，用它裝一些小的禮品和宗教的聖物。很多時候，葫蘆還會被切成兩半製成一種裝飾品，上面繪有很多不同風格的圖案，比如，人類、動物、植物。

　　在阿波美[08]，宇宙被看作圓形的葫蘆，水平線位於葫蘆兩半的結合處 —— 在那裡，彷彿天空和大海連線在一起，人們想像著生活在它的身體裡。宇宙葫蘆裡盛有水，平坦開闊的大地在巨大的球體裡浮動，在大地之下也儲存了大量的水 —— 如果我們向地下挖掘總能發現水。因此，水真的是環繞著我們整個地球。太陽、月亮、星星一直在葫蘆的上半部分不停地移動。

　　當上帝創造萬物的時候，他首要的顧慮是大地，所以他劃分了水域的邊界，一條神聖的蛇圍繞著整個大地，使大地變得更加穩固。

---

[08] 阿波美：貝南南部的一座城市。

長翅膀的烏龜

（烏干達）

　　很久以前，有一隻烏龜得到生活在大森林裡的鳥類們要舉辦一個盛大宴會的消息。

　　烏龜把頭從牠漂亮光滑的殼裡伸出來說：「我也想去參加宴會。」

　　「可是，這個宴會是在天上舉辦。你怎麼能到天上啊？」一隻鸚鵡回答牠說。

　　烏龜非常沮喪。鳥兒們看到牠的樣子，非常同情牠，所以大家決定幫助烏龜飛上天空。

　　「對啦，我們會向自己的同類借一些羽毛給你。」鳥兒們對烏龜說。

　　就這樣，牠們為烏龜借來了很多羽毛。小鳥們用一些細小的繩子把五顏六色的羽毛捆綁在烏龜的四隻腳上。

　　「好啦，你現在可以飛行了。」小鳥們愉快地說。接著，牠們又說：「可是，現在還有一個問題。在這個節日宴會上，我們大家都要用一個別名。你想好自己叫什麼名字了嗎？」

深謀遠慮的烏龜思考了一會兒說：

「我的名字叫大家。」

第二天上午，當公雞開始歌唱的時候，收到邀請的鳥兒們開始朝著節日宴會的場地飛行。

前往宴會地點的路程要比大家想像得更遠。烏龜不會直線飛行，所以，牠落在了隊伍的最後面。對於牠來說，飛行很累人；對於其他人來說，在非洲的天空中，大家從未見過如此笨拙的「鳥兒」── 雖然牠擁有閃亮的翅膀。

「太漂亮啦！」烏龜一邊飛一邊大聲喊著 ── 牠穿過一片咖啡園和棉花地的時候，非常享受在高空飛行的感覺。

晴朗的天空下，烏龜可以看到遠處的山峰上覆蓋著皚皚的白雪。

牠飛過壯觀的白尼羅河時，大聲驚呼道：「你看那條河真大啊！」

當大家飛到目的地的時候，節日宴會剛剛開始。一張非常大的桌子上擺滿了美味的食物 ── 等著大家來一起享用。

根據老傳統，一隻鳥問：「誰第一個品嚐美味大餐呢？」

節日宴會的女主人是一隻巨大的老鷹，牠回答說：「大家來吧！」

「讓我第一個吃大餐嗎？太好了！」烏龜邊說邊走上前去狼吞虎嚥地吃了起來；而這時，驚呆了的鳥兒們看著牠卻不

知如何是好。

　節日慶典持續到中午時，那個場景又一次出現了。

　「誰第一個品嚐午餐呢？」鳥兒們一起問道。

　「大家來吧！」女主人說道。

　烏龜急忙再一次吃掉了所有的東西。

　在晚飯時間，又出現了同樣的事情。

　飢餓的鳥兒們在晚宴結束後要返回了；但是，牠們卻都要求烏龜歸還借牠們的羽毛。

　「你得把所有的羽毛歸還給我們。」鳥兒們說。接著，牠們把綁在烏龜腳上的繩子全部解開，拿回了牠們各自的羽毛。

　無奈的烏龜只得對鳥兒們提出一個請求：「請你們飛過我家門口的時候，告訴我母親在我家門前放置一個草堆。」

　「為什麼啊？」

　「當我從天上跳下去的時候，草堆可以使我免於摔傷。」烏龜自作聰明地說。

　鳥兒們非常生氣，當牠們抵達烏龜家中時，故意告訴牠的母親說：「你的兒子請你在自己家門口擺放一塊非常大的石頭。」

　結果是，烏龜摔在了大石頭上。幸運的是，牠並沒有

長翅膀的烏龜

死。牠的母親用盡全力為牠修補好全部破裂的外殼。

　　從此以後，烏龜們走路就特別緩慢了，而且直到今天，牠們也要背著滿是裂紋的烏龜殼。

兩個獵人和一頭獅子

（南非）

　　兩個獵人前去打獵，他們獵殺了一隻小鹿。後來，他們碰到一頭獅子，這獅子一直暗中尾隨著他們。

　　傍晚時分，一個獵人說：「在我睡覺的時候，你可以把鹿肉吃掉！」

　　另一個獵人回答：「如果我們是三個人，你可以睡覺啊。可是，現在我們只有兩個人，你怎麼能睡覺呢？」

　　前一個獵人聽不進後一個獵人的忠告，他從樹上摺下樹枝，並把牠們鋪在地上，然後，他躺在樹枝上開始睡覺。後一個獵人沒辦法，只好開始準備燒烤鹿肉。

　　尾隨而來的獅子看到了機會，牠猛地撲到睡覺獵人的身上吃掉了他。

　　後一個獵人在日出的時候回到了自己居住的村子。

　　村民們都問他：

　　「你的同伴在哪裡啊？」

　　他回答：「只有兩個人時，他也想睡覺，所以他被獅子吃掉了。」

　　這個故事告訴我們，在任何時候都需要明白如何適應環境；並且要善於接受別人的建議，不要在危險境地中放鬆警惕。

蠍子和青蛙

（赤道幾內亞）

　　有一天，森林裡起火了。動物們逃生的道路只有一條：穿過河流到達森林的另一邊。

　　所有會游泳的動物都跳入水中，牠們有的身上還背著自己不會游泳的朋友們。但是，蠍子既沒有朋友也不會游泳，因為沒有哪隻動物願意冒風險為牠提供幫助。

　　看著大火逐漸在接近自己，蠍子只好卑微地向一隻正在過河的青蛙求助。

　　蠍子說：「請讓我坐在你的背上過河吧。」

　　青蛙回答說：「我可沒有瘋啊，你會蜇接近你的所有動物。」

　　蠍子辯稱說：「我不會用毒針蜇你，如果我這樣做，我們兩個都會沉到水底，我可不會游泳啊。」

　　青蛙覺得蠍子說得很有道理。隨後，牠接受了蠍子的請求。但是，用毒針蜇動物已經成為蠍子的生活習慣，在快到河對岸時，蠍子忘記自己的承諾，用毒針蜇了青蛙，接著，牠們兩個一起落入水中死掉了。

蠍子和青蛙

是誰殺死這頭牛

（安哥拉）

一個擁有一大群牛的男人指責鄰居殺死了自己的牛。

「我沒有殺死你的牛。你的牛是在和另一頭公牛打架時死掉的。」鄰居反駁說。

男人聽到這樣的回答心裡很不高興，所以他把自己的鄰居告上了法院。

開庭時，雙方爭執得很厲害，這時一位老者走進法庭。

「你們等一下！打架的那兩頭牛的尾巴在哪裡啊？」老者問道。

法庭裡所有聽到老者問題的人都很驚訝。被告指著牛尾巴說：「在這裡。」

「牛尾巴是什麼樣子啊？牠是朝上還是朝下，或者是朝其他方向呢？」

「是朝下。」

「牛角在哪裡啊？」老者又繼續問道。

「牛角還在牠的頭上。」

153

「牛角是朝上還是朝下，或者是朝著其他方向呢？」

「朝上！」被告回答說。

「很好。如果一頭牛攻擊另一頭牛，那麼被攻擊者的傷口是什麼樣子呢？我自己可以回答這個問題。」老者繼續說，「傷口一定是自下而上的樣子。」

「對！當一頭牛攻擊另一頭牛的時候，傷口一定是自下而上的樣子。」法庭的工作人員確認說。

「那麼，這件官司可以結案了。現在，我們去看看牛的傷口。」老者建議說，「如果牛身上的傷口是自下而上的樣子，被告說的是實話，如果相反，就是他在說謊。」

大家都趕到死牛所在的院子裡，在那裡大家清楚地看到傷口的樣子是自上而下 —— 鄰居被認定為有錯，是他殺死了自己鄰居的公牛。

獵人與鱷魚

（幾內亞比索）

　　獵人外出打獵時碰到一條鱷魚，牠同樣也在等待自己的獵物。看到獵人，鱷魚對他說：「我到這裡只是想找些食物填飽肚子。現在卻找不到回去的路了，請你把我背到河邊吧！」

　　獵人回答說：「我可以按照你的意思去做，可是，我害怕你會吃掉我。」

　　鱷魚發誓自己不會吃獵人。隨後，獵人向鱷魚提出一個建議：「讓我把你的嘴巴用繩子綁起來，我才能帶你回到河邊。」

　　鱷魚同意了。獵人找來一根繩子把鱷魚的嘴巴綁起來，接著，他把鱷魚背到河邊。當他們抵達目的地時，獵人把鱷魚放在地上，鱷魚又請求說：「請你把我放在距離河水更近的地方。」

　　獵人把鱷魚放在水中，河水已經淹沒了獵人的膝蓋。鱷魚再次懇求獵人說：「請你把我放在更深的河水中。」

　　獵人照做了。隨後，鱷魚又對獵人說：「你把我的嘴巴鬆開吧，不然，以後我再也不能吃東西了。」

獵人剛剛把鱷魚的嘴巴鬆綁，鱷魚就對他說：「雖然，你為我服務得很好；但是，現在我還是要吃了你，只有這樣才算是對鱷魚家族傳統的尊重：我的父母、祖父母在路上遇到人類時都會把他們吃掉。」

獵人懇求鱷魚不要把自己當成食物吃掉，但鱷魚斷然拒絕了他。獵人只好對鱷魚提出下面的建議：「我們讓最先路過這裡的三個路人評判一下吧！如果他們都認為你應該吃掉我，那我就毫無怨言了。」

一匹老馬恰巧此時從此經過。獵人和鱷魚分別給老馬講述了剛才的經歷。老馬專心地聽著雙方的講述，然後，牠對鱷魚說：「你可以吃掉他，人類是一種忘恩負義的動物。當我年輕的時候，我每天都在為人類忙碌工作；可現在，他們卻假裝不認識我這匹老馬。」

隨後出現的第二位是一位老太太。她也聽了雙方的講訴。然後，她對鱷魚說：「你可以吃掉他，男人都是忘恩負義的傢伙。當我年輕漂亮的時候，我的丈夫發誓只愛我一個；而現在，他卻和其他的年輕女人結了婚，再也沒有回來看過我。再者說，你是按照鱷魚傳統去做的，不是嗎？」

獵人感到非常絕望，他找不到任何方法來使自己擺脫險境。這時，一隻野兔走了過來。鱷魚和獵人再次對牠講述了一遍經過。

　　兔子對他們說：「我年紀大了，耳朵不好使，你們距離我太遠。只有你們到河邊來說話，我才能聽清楚你們的故事。」

　　鱷魚和獵人就從河水裡走出來，走到野兔所在的河岸邊，兩個再一次把剛剛的故事向牠講述一遍。聽完後，野兔對他們說：「這件事讓我覺得有些難以置信，這麼小的人怎麼可能背起龐大的鱷魚呢？為了讓我相信一切都是真的，我需要親眼看到你們給我講述的所有經過。所以，你們應該回到森林裡讓獵人把鱷魚再次捆起來，然後，再把鱷魚送到這裡。」

　　鱷魚和獵人都認為有道理。當他們抵達森林的時候，野兔讓獵人把鱷魚捆綁好，接著，牠問獵人：「你們吃鱷魚肉嗎？」

　　獵人回答：「我們當然吃鱷魚。」

　　野兔對他說：「你剛才幫助了牠，牠卻想要吃了你；現在，你把牠帶到家裡去吧，你們一家人，你、你妻子和你的孩子一起把牠吃掉吧。」

癩蛤蟆和兔子

（安哥拉）

　　癩蛤蟆和兔子曾經是一對好朋友。在那個飢餓的年代，牠們為了不被餓死，約定一起去吃掉牠們自己的母親。首先，牠們吃掉了兔子的母親——那幾天，牠們每天都可以吃得非常飽。去吃癩蛤蟆母親的時候，癩蛤蟆的母親逃走了；因為，她的兒子提前通知了自己的母親。就這樣，癩蛤蟆和兔子的友誼中止了。

　　兔子心中充滿了悔恨，牠回到家裡；絕望地回想起母親曾經給牠準備的飯菜……

　　一天，兔子在路上遇見了一隻非常飢餓的小鹿，牠已經沒有足夠的力氣逃跑和反抗了。於是，兔子把小鹿殺掉準備帶回家。這時，牠看到路邊的一棵大樹上長滿了紅色的果子，兔子沒有遲疑，牠把小鹿放在地上，爬上了大樹。

　　當牠吃水果的時候，癩蛤蟆出現了，並想把小鹿抬走。兔子大聲地對牠說那隻小鹿是屬於牠兔子的，但癩蛤蟆根本不予理會並對兔子說：「如果這頭小鹿是你的，為什麼你不把牠帶到樹上？」這樣的回答讓兔子非常惱火。牠決定把問題

交給村子裡的酋長解決。

　　酋長決定第二天召開協商解決的會議。同時，他命令森林裡所有的動物前來參加會議。第二天，兔子前往酋長家準備參加會議。在路上，癩蛤蟆看到兔子，趕忙躲進一個洞穴，但慌亂之下牠竟忘記了自己的尾巴 —— 牠的尾巴還留在洞穴外面。兔子看到牠的尾巴後，抓起牠的尾巴把牠拎到會議現場。

　　當兔子和癩蛤蟆抵達會場的時候，動物們也已經抵達了現場。於是大家都看到了這樣的情形 —— 兔子抓著癩蛤蟆的尾巴。酋長要求兔子鬆開癩蛤蟆的尾巴。

　　兔子說，這條尾巴完全是屬於牠自己的 —— 如果這是癩蛤蟆的尾巴，牠應該把尾巴帶到自己的洞穴裡。最終，所有的動物都同意了兔子的觀點。酋長宣布，這條尾巴歸屬兔子所有。

　　直到今天，癩蛤蟆也沒有尾巴，牠的尾巴正是在那次會議上失去的。

林鳥和蜜蜂

（剛果金）

　　林鳥和蜜蜂曾經是一對好朋友。牠們的友誼成為當地的標竿，牠們兩家人的關係也非常融洽。

　　有一次，蜜蜂的兒子患了重病。在那時，唯有巫醫可以準確診斷牠兒子患上了什麼病並給出藥方。蜜蜂滿心憂愁地來到巫醫家中，尋求可以治病的良方。巫醫要求牠送自己一根漂亮的鳥兒羽毛。

　　當蜜蜂知道自己兒子的疾病可以輕鬆治癒時，牠長長地吐了一口氣；況且，巫醫所要的那羽毛的主人也正是自己最好的朋友。牠確定兒子的疾病會很快治癒。牠飛快地來到林鳥家，向林鳥提出了自己的請求。

　　當林鳥得知蜜蜂的兒子、自己的小姪兒生重病的時候，心裡非常難過。善有善報，作為蜜蜂最好的朋友牠怎能袖手旁觀？！於是，牠拔下自己一根漂亮的羽毛遞給蜜蜂。

　　蜜蜂手拿著漂亮的羽毛飛到巫醫家中，把羽毛遞給巫醫以換取藥方。

　　蜜蜂的兒子由於林鳥的幫助得以起死回生。看到孩子康

復了大家都很高興。

幾天後，林鳥的孩子從樹上摔了下來，林鳥急忙飛到巫醫的家裡尋找治療的良方。巫醫向林鳥索要一對蜜蜂的翅膀，只有得到那翅膀他才願意治療小林鳥。

沒有辦法，林鳥只能憂心忡忡地趕到蜜蜂的家裡。蜜蜂聽到朋友的請求後，心想自己只有兩個翅膀，所以一個翅膀也不能給牠。因為缺少了翅膀一定會被其他動物殺死的，於是，牠斷然拒絕了朋友的請求。後來，林鳥的兒子一病不起，沒了性命。

從那天起，林鳥和蜜蜂變成了公開的敵人。蜜蜂不能出現在林鳥的面前，不然，林鳥會一直追逐牠。

林鳥還四處尋找蜂巢的蹤跡，找到了就摧毀牠。人類則利用林鳥對復仇的渴望來尋找蜂巢。這一切的起因都是仇恨。

懲罰狐狸

（肯亞）

　　在公雞大叔居住的村子裡，大家都在抱怨村子裡太吵了，特別是晚上，導致很多人不能安靜地入睡。

　　數不清的抗議聲促使酋長派出一些人到處查詢吵鬧的原因。

　　到了晚上，很多村民把自己武裝起來，帶著棍子等工具外出巡邏，準備隨時消滅噪音的製造者。

　　後來，大家認定該死的噪音製造者是狐狸和公雞一家。每晚出來覓食的狐狸總把公雞一家驚擾得夠嗆，母雞和小雞們都嚇得不停大叫。

　　酋長命人通知狐狸和公雞，第二天要和牠們兩個進行一次嚴肅的談話。

　　由於狐狸是噪音和騷亂的真正製造者，牠的心裡非常害怕。第二天一大早，牠去找公雞，希望牠能盡棄前嫌，說動酋長讓他對自己網開一面。

　　遠遠的，公雞就看見了朝自家走來的狐狸，公雞猜出了牠的意圖，於是，公雞把頭藏在自己的翅膀下面。

163

「親愛的朋友，酋長讓你和我一起去他的家裡。」狐狸走到公雞身邊說道。

「朋友，現在我心裡非常害怕。你知道那裡有什麼懲罰等著我們嗎？我不想讓別人來執行這個懲罰，所以我已經讓我的妻子把我的頭砍了下來。你沒有看見我已經沒有頭了嗎？」

狐狸聽到公雞的話嚇得渾身發抖，牠跑回家裡讓妻子把自己的頭砍下來 —— 牠以為這樣便不用到酋長家裡接受這殘酷的懲罰了。

狐狸的妻子找出一個很大的斧頭，一舉砍下了丈夫的頭。

總是喜歡偷雞摸狗的狐狸，給了自己一個最嚴厲的懲罰。

蛇

（安哥拉）

　　瑪麗婭和若昂先生生活在一起已經很長時間了，卻沒有屬於自己的孩子。瑪麗婭心情非常煩躁，總是不斷地喃喃自語：「哎呀，我們總是在工作：在家裡要工作，田地裡也要工作，這是為什麼？難道是為了讓別人吃飽飯，我們家裡很多東西都腐爛啦！如果我們有一個孩子，他可以幫我們一起吃飯，還可以幫著一起收拾……」

　　丈夫安慰她說：「什麼事情又惹惱你啦？有很多女人像你一樣沒有孩子……不過，我們的日子過得不錯，身體健健康康。」

　　妻子卻並不這麼認為，嘴上總是在不停地抱怨。

　　一天，她夢到自己站在湖邊提水，突然，一個老太太對她說：「瑪麗婭！」

　　「您好，老太太。」

　　「你不停地抱怨沒有孩子，如果你有了自己的孩子，你會愛他嗎？」

　　「當然愛啦。」

「好的。我可以實現你的願望，不過，你不能把我們交談的事情告訴任何人。」

瑪麗婭從夢中醒來，坐在床上次想夢中的情景，然後，憂心忡忡地抽著旱菸袋。

瑪麗婭的丈夫起床了，看到妻子神情恍惚便問道：「瑪麗婭，你怎麼啦？」

「沒事……我沒有做夢……」

女人聽從老太太的意見，沒有向任何人透漏夢中的事情。不過，夢中關於孩子的談話一直在她腦中徘徊。她站起身想到外面走走，但是，她丈夫攔住了她：「為什麼你要在危險的時候出去？你不知道凶猛的野獸都在這個時候出沒嗎？」

睡眠像死亡一般再次籠罩著她。她的丈夫也慢慢睡著了。

瑪麗婭再一次回到夢中的湖泊。

「瑪麗婭女士！」同樣的聲音在呼喊她的名字。

「老太太，您好……」

「如果你有一個孩子，你會兌現自己的承諾嗎？」

「是的，老太太。我會兌現自己的承諾。」

「我會給你一個孩子。但是，你要特別注意，這個孩子不

能使用鏡子或者是窗戶玻璃看自己的樣貌。如果孩子照了鏡子便會立即從你的身邊消失。」

一早，瑪麗婭女士神采奕奕地起了床。她沒有向丈夫透漏任何事情，也沒有講述夢中的情景。瑪麗婭的肚子一天天慢慢地變大，她的丈夫彷彿沒有發現，只是大家都在不停地議論。

「嘿！你們看到了嗎？瑪麗婭懷孕啦！都能看見她的大肚子啦！」

大家評論說：「現在大家還能說什麼？她現在懷孕啦。你們看得一清二楚，她那麼長時間沒有懷過孩子！」

日月如梭，很快到了瑪麗婭女士分娩的日子。穩婆幫助她分娩，隨後，一個漂亮的女兒出生了。

在產下女嬰的當天晚上，她再一次回到那個夢裡。

「瑪麗婭，我送給你一個可愛的女孩。可是從現在開始，任何人都不能來看她。在我沒有通知你之前，她也不能走出屋門。」

瑪麗婭聽從了吩咐。為了不讓大家看到她的女兒，她不再去農田幹活。當她去湖邊提水的時候，讓自己的丈夫照看孩子。慢慢的，小女孩已經會爬了。

一天，瑪麗婭女士睡著的時候又聽到了那個陌生的聲音。

「瑪麗婭女士，孩子已經可以出門了。她的名字叫桑巴，不過，你要特別注意：不能讓她看鏡子，甚至玻璃也不可以。」

當大家看到小女孩的時候都非常驚奇：「啊！啊！這個女孩子真漂亮啊！」

隨後，母親開始到田地裡幹活，讓小女孩和其他的孩子一起玩遊戲。

瑪麗婭把她唯一的女兒桑巴打扮得非常漂亮，所有的好東西都給她吃。桑巴略微大些後，父親還把她帶到田地裡，讓她看如何種植木薯、番薯和花生。父親和母親把農作物裝在兩個圓形的大籮筐裡。桑巴笑了，她覺得這些事情非常有意思。

這一天，當他們回家的時候，恰好遇到一場暴雨。他們夫婦開始奔跑，可是，桑巴卻好像不著急。

心急如焚的母親害怕暴雨會傷害到自己的女兒，便大聲地對女兒喝斥道：「桑巴，快點過來躲雨！我的女兒！桑巴，快躲開大雨啊！」

最後，女兒慢騰騰地跑著說：「媽媽，我不能跑。我的項鍊斷開了，散落在我的腳下！爸爸，我不能奔跑。我的項鍊散落在我的腳下！」

就這樣，他們大聲喊叫著回到家裡。幸運的是，小女孩

並沒有發生任何不幸。

幾年之後，一些人建議給小女孩桑巴找一位老師負責教她讀書，以便讓她懂得循規蹈矩。夫婦倆告訴老師，必須把鏡子藏在行李箱裡，老師的屋裡也不能安裝玻璃窗戶。

一切似乎都很正常。但是，在一個陽光明媚的日子裡，小女孩在整理女老師的房間時打開了行李箱 —— 女老師離開房間時忘記把鑰匙帶走了，鑰匙留在了箱子上面。

小女孩從上到下翻看著行李箱裡的東西。最後，她看見一面鏡子。出於好奇，她把鏡子拿了起來。

「嘿！這裡面有一個人！」她好奇地說。隨後，她的嗓子便發不出聲音了。

當小女孩想說話的時候，發現自己已經不能動彈了，眼淚從她的臉上滑落下來。不一會兒，她便消失了。

人們找遍所有的地方，她到底在哪裡呢？女教師非常擔心，她知道桑巴小女孩是在照了鏡子後消失的。她並沒有隱瞞，她知道事情終有一天會真相大白！

幾天後，桑巴的母親按照慣例來探望自己的女兒，頭上頂著送給女老師的禮物，作為她教育女兒的酬勞。當她知道女兒照鏡子消失後，大聲痛哭起來。

同樣，家人也開始了尋找。但大家都沒有找到她。可憐的桑巴！

　　正在大家四處尋找桑巴的時候，她卻在一家賓館裡出現了。因為她是一個美貌的啞巴，人們非常同情她，讓她成為那裡的一名工作人員。

　　有一次，賓館的廚房中沒有人，一條巨大的蛇趁機爬進廚房大口吞噬食物。當廚師看到廚房缺少很多食物時，不幸便落在了桑巴身上。老闆和幾個僕人狠狠地責打了她。

　　又一天，當桑巴負責清理和收拾整個房子時，蛇一直停留在那裡，牠利用人們出去的時間弄壞了一些餐具和家具。

　　於是，桑巴又被賓館的老闆暴打一頓。

　　可憐的桑巴只得逃往另一個地方。那裡的人們看到她後也很同情她，一位老闆娘便收留了她。但是，可惡的蛇卻沒有停止做壞事，牠為她的工作製造了很多麻煩。面對種種的破壞，老闆娘也開始有些不高興了。

　　時間過得很快，桑巴長成了一個可愛的女孩。這時，老闆決定去葡萄牙，他詢問所有的僕人有什麼樣的願望。當他看到桑巴的時候，他的妻子告訴他，這個女孩是一個啞巴，因此，你和她說話也沒有用。老闆心裡有些疑惑。

　　就在這時，桑巴突然神奇地恢復了說話能力，她告訴主人她想要一把砍刀、一把尖刀、一盞油燈、一些上帝之子的石頭。隨後，她又變回了啞巴。

　　老闆從葡萄牙回到家裡後給僕人們分發了禮物。

　　桑巴把主人送給自己的禮物放在房間裡。夜晚，蛇偷偷溜進她的房間，很快，桑巴舉起砍刀砍殺蛇，用尖刀不停地刺牠，用油燈焚燒牠，然後，她把上帝之子的石頭放在蛇周圍。

　　第二天上午，看到巨蛇屍體的老闆變得目瞪口呆。桑巴又恢復了講話能力，她把蛇陷害自己的事情從頭至尾講述一遍，所有人才明白了一切。

　　成年後的桑巴更加漂亮了。不久之後，她和主人其中的一個兒子成了婚。

勇敢的卡塔麗娜

（幾內亞比索）

　　若昂先生和伊薩貝爾女士有三個女兒。最小的女兒名叫卡塔麗娜，她非常聰明，閱讀過很多書籍。

　　雖然三個女兒都已經長成了亭亭玉立的大女孩，但父親總讓聰明的卡塔麗娜教導自己的兩位姐姐，所以姐姐們對她也頗有微詞。

　　做父親的還送給三個女兒每人一盆花，讓她們每天照看 —— 這也是父親對女兒們進行的一次考驗。

　　兩個年長的女兒也愛花，但是，她們並沒有精心地照看植物。卡塔麗娜建議姐姐們多留心自己的植物，可是，她們兩個拒絕了 —— 一切都隨緣。

　　一天，父母收到從葡萄牙寄來的書信，因為一些事情他們必須去葡萄牙一趟。勇敢的卡塔麗娜答應承擔起照看兩個姐姐的任務。為了更好地履行任務，她搬到兩個姐姐的臥室居住。

　　姐姐們知道了自己妹妹的決定後，不僅非常反對，而且對她提出了抗議。但卡塔麗娜不為所動。

晚上，大姐約自己的男朋友來見面 —— 這是兩個人的第一次約會。勇敢的卡塔麗娜打開窗戶觀察著，她告誡自己的大姐，但是大姐卻沒有理會。

大姐的植物在慢慢枯萎。卡塔麗娜給大姐說明了植物的狀況，大姐卻依舊無動於衷；但是，她的肚子卻開始慢慢地變大。

幾個月後，一個孩子出生了。

孩子出生後的第二十天，三個女兒收到父母從葡萄牙寄回來的一封書信，說他們即將回來。

勇敢的卡塔麗娜為了幫助自己的大姐，買一個籃子和一些漂亮的花朵。她用黑色炭灰把自己裝扮成黑人的模樣，然後穿上一件大大的罩袍，拿著鮮花出去賣花。但是，在籃子下面放著的其實是大姐的孩子 —— 她把花朵散放在孩子的身上，保證他可以自由呼吸。

她敲開了大姐男朋友的家門。女主人買了很多花朵，她覺得這些花非常漂亮；而勇敢的卡塔麗娜謙恭地說將把一籃子的花朵贈送給她。

當大姐男朋友的母親拿出全部花朵的時候，發現底下竟然有一個嬰兒。她非常驚訝地看著孩子，然後發現嬰兒很像自己的兒子！她召集家人開會，所有人都認為嬰兒是自家的血脈。可是，始作俑者卻死不認帳。

　　卡塔麗娜的父母回到了家中。第二天，他們要求三個女兒拿出各自照看的植物。大姐的植物已經枯萎，但是，勇敢的卡塔麗娜把自己的花向父母展示了兩遍。毫不知情的父母看到自己女兒們照看的植物如此茂盛非常高興。

　　大姐的男朋友想要繼續約會，但傷心的大姐拒絕了他的要求。小夥子覺得一切都是卡塔麗娜搗的鬼，於是，他對外宣稱卡塔麗娜接受了自己的求婚。

　　小夥子很快開始安排求婚事宜，並且準備了很多彩禮。卡塔麗娜不明就裡的父母欣然同意了。

　　在結婚前夕，卡特麗娜想出來一個主意：定製了一個人形蛋糕，並且把蛋糕放在婚房裡。婚禮當天，她把蛋糕放在床上，然後，為牠蓋上一條床單。她躲在床下面，讓蛋糕像人一樣躺在床上。

　　當小夥子走進屋子時大聲叫道：「你知道我為什麼和你結婚嗎？」

　　蛋糕娃娃身上綁有一根繩子，床下的卡塔麗娜拉動繩子娃娃便會搖頭。

　　「你不知道嗎？你只會搖頭？我娶你就是要殺了你！」接著，他拿出刀子對著蛋糕刺去。

　　蛋糕裡的奶油噴濺到小夥子的身上，他感覺到甜味，用自己的舌頭舔舔說：「啊，我殺的女人為什麼是甜味的？」

　　勇敢的卡塔麗娜趁他猶豫的時候逃出了房間。

　　她回到自己父母身邊，並且把所有的事情告訴他們：大姐的過錯，用計把孩子送還，小夥子想和卡塔麗娜結婚的真正原因……

　　「做他妻子的人應該是為他生孩子的姐姐。」她建議說。

　　卡塔麗娜的父母怒氣沖沖地來到小夥子的家。他們看到小夥子還在舔著舌頭淚汪汪地說：「啊，為什麼是甜味？」

　　後來，卡塔麗娜的大姐承擔起了自己應該承擔的責任。

猴子與鱷魚

（索馬里）

　　曾經，我們故事的兩位主角鱷魚和猴子是一對極好的朋友，相互之間無話不談，住在一起，吃在一起，好像牠們兩個是一對親叔姪一樣。

　　在一個陽光明媚的日子裡，猴子邀請鱷魚一造成外面找食物 —— 牠們的食物已經出現了短缺。

　　「叔叔，我們出去轉一圈吧！」猴子邀請鱷魚說。

　　「我的姪兒，我們去哪裡啊？」鱷魚問道。

　　「去附近的一個村子！距離這裡不遠，那裡還有很多公雞。」猴子回答。

　　「那裡有什麼？」鱷魚又一次問道。

　　「叔叔，我們一起走吧！那裡有很多美味的水果，還可以吃到好吃的東西。」猴子說。

　　鱷魚叔叔覺得這是一個令人興奮的好消息，所以，牠對這次旅行充滿了嚮往。在牠們約定的那一天，牠帶上自己家裡剩下的食物，和猴子一起踏上了尋找食物之旅。

　　作為身手靈活、善於跳躍的動物，猴子非常喜歡趴在其他動物的身上。在這次漫長的旅行中，牠也同樣延續著自己的生活習慣，上蹦下跳。牠先是跳上鱷魚叔叔粗糙的後背，然後站在鱷魚的身上向牠問好。鱷魚已經感覺背上的猴子越來越重，猴子的行為讓鱷魚對前往目的地的決定有些動搖──況且牠們兩個從來沒有去過那個村子。

　　走了很久以後，牠們終於看到一個村子。那裡長滿了香蕉樹、芒果樹、酪梨樹、咖啡樹等。猴子立即爬上果樹，並且把自己看到的水果告知自己的叔叔。此時的鱷魚，身體的耐力已經達到了極限，又飢餓又疲憊。牠說：

　　「哦，我的姪子！我已經不能再繼續趕路了，必須停下來吃點東西，然後再好好地休息一下。」

　　「哦，我的叔叔，你為什麼不提前說呢？這裡還有幾個水果，現在我們可以把牠們吃掉。」猴子說。

　　牠開始採摘樹上的果子。鱷魚在樹下忽然看見前方不遠處的香蕉樹上長有一大串香蕉，而且，這些香蕉已經全部熟透。牠給自己的姪子發出了一個訊號：「嘿！我的姪兒，你順著我指給你的方向看。」

　　「我的叔叔，你看到什麼好東西啦？」猴子問道。

　　「你看看吧！」鱷魚說。

　　猴子從樹上跳下來，順著自己叔叔手指的方向看去；但

是，牠只看到一些非常青澀的果子。牠又走到鱷魚的身邊，以確定鱷魚指的位置，現在，牠終於找到了那棵生長著一串大香蕉的香蕉樹。猴子對鱷魚說：「哈哈哈！我的叔叔，我們有吃有喝啦，還可以盡情地休息，然後，我們再繼續自己的旅行。」

鱷魚也非常高興地說：「非常好，我的姪兒！如果我還年輕，一定有力氣爬到香蕉樹上，然後，把那串大香蕉摘下來。」

「哦，叔叔！你年紀大了，勞累的活就讓我幹吧！我的身體輕盈，可以跳躍得很高。況且，爬上去摘香蕉是一件非常簡單的事情。」猴子說。

鱷魚像以前一樣沒有堅持自己的意見，牠接受了姪子的建議。猴子的動作十分靈活，僅用幾秒鐘的時間，牠便爬上了那棵香蕉樹。牠找到一個極佳位置坐在樹上，並且把所有的熟香蕉吃掉了。這時，牠的叔叔依舊在樹下面等待著自己的姪子把大串香蕉扔下來。遲遲不見姪子的身影，著急的鱷魚開始搖動香蕉樹了 —— 牠確定猴子就在樹上坐著。猴子坐在晃動的香蕉樹上對鱷魚說：「叔叔，你再等一下！現在我在找一個避免摘香蕉時讓香蕉受到損害的方法。這個工作非常難啊。」

「是啊，我的姪子！有高超的技術才能讓你走得更遠。做

事情不要著急。毛手毛腳會把香蕉破壞掉，那樣我們什麼也得不到了。」鱷魚回答說。

　　一段時間過後，猴子挺著鼓鼓的肚子從樹上跳下來，牠沒有給鱷魚叔叔一根香蕉，卻對牠說：「哦，我的叔叔啊！我覺得我們應該去找其他的香蕉，剛剛那串香蕉太青了，而且上面長滿蟲子。」

　　鱷魚這時才記起猴子善於玩弄詭計，而香蕉又是猴子最喜歡的水果。牠開始明白自己的姪子在撒謊。隨後，牠對猴子說：「好吧，我的姪子！如果你摘不到那串熟透的香蕉，那麼接下來讓我試試運氣吧！」

　　「好吧，叔叔！你可以上樹。讓我在這裡幫你撿掉落下來的香蕉吧。」猴子說。

　　鱷魚開始爬樹，牠的確爬了一段距離，然後牠試圖晃動香蕉樹，牠想把香蕉晃得掉下來。地下的猴子有些害怕──牠怕鱷魚發現那串香蕉離奇失蹤的原因。慢慢地，猴子爬到鱷魚身後猛地抓住鱷魚的尾巴用力一拉，只聽「砰」的一聲，鱷魚從樹上重重地摔在了地上。全身無力的鱷魚躺在地上一時動彈不得。過了好一會兒，鱷魚才緩過勁來，牠站起來想攻擊猴子，可是，狡猾的猴子看到叔叔摔在地上後便撒腿逃走了。

　　猴子放棄旅行回到自己的村子。憤怒和痛苦的鱷魚同樣

放棄了旅行。這一天，在村子裡，鱷魚正遇見猴子，牠立刻開始追趕猴子。行動敏捷的猴子迅速地逃到了河對岸。鱷魚憤怒地說：「猴子！你這個忘恩負義的東西，我永遠不會原諒你。從今天開始我們不再是朋友。你也不要再想去河裡喝水了，我會在那裡一直盯著你；你也不要再想跨入河流了，你以後只能從樹上跳到河岸的另一邊，如果你想游泳過河，你就會變成我的盤中餐！」

狗和野兔

（辛巴威）

　　很久以前，狗和野兔是一對好朋友，唯一的遺憾是牠們住在不同的地方。狗和人類居住在一起，而野兔則生活在野外。一直以來，野兔想把自己的家人介紹給好朋友狗先生。終於，野兔的願望有了得以實現的機會——狗先生要到野外旅行。野兔把牠帶回自己家裡，並把牠介紹給自己所有的家人。

　　狗和野兔、野兔的家人共同生活了一段時間，關係融洽；牠和當地的那些動物也沒有任何的分歧，牠也不歧視任何動物，大家也很喜歡牠。那時，動物們居住的地方沒有特別的劃分，牠們也沒有實際意義上的領袖來掌管各種事務。於是，牠們決定召開一次動物領袖選舉大會。選舉大會將於星期六在烏龜老先生的家裡舉行。會議的主持工作由烏龜先生負責。烏龜是所有動物中最受大家尊敬的動物，而且，牠非常聰明、沉著、謹慎，在解決任何問題的時候都顯得胸有成竹。

　　星期六一早，烏龜先生家聚集了很多前來參加會議的動

物，牠們在熱切地討論到底誰能成為動物們的首領。一些動物非常焦慮，因為牠們居住在距離這裡很遠的村子裡，所以牠們三天前就已經趕到這裡了。

烏龜老先生來到會議現場，宣布會議開始，請大家為領袖人選提名。許多動物都說出了自己心目中的人選，這其中呼聲最高的是狗先生。因為，狗和其他動物在一起時總是非常忠誠有禮貌。這時，野兔突然站起身來走到烏龜老先生的身邊問：「烏龜老先生，基於大家的提名，我本人有些擔心，到底誰能成為我們偉大的領袖啊？」

另一些動物也站到烏龜先生的身邊，牠們異口同聲地說，唯一有資格成為我們領袖的是狗先生。

野兔驚呼道：「狗？！那是個不乾淨的傢伙！不管在任何地方只要牠看到有食物，牠都會吃光！你們竟然要把『皇冠』給這樣的動物！」

動物們竟又一次異口同聲地回答，大家就是要選舉狗先生做動物們的領袖，接著，牠們還對野兔發出嚴重的警告。沒有人再反對狗先生當選了，也沒有人對野兔的話進行評論。因此，野兔覺得自己被大家拋棄了，牠只好假意接受大多數動物的意見。但是，為了不讓狗先生當選領袖，牠想出了一個計策 —— 牠要讓狗先生落入牠設下的陷阱中。

野兔知道投票即將開始，牠向烏龜提出請求，說牠要先

出去一分鐘——有一件重要的事情要去完成。烏龜先生同意了野兔的請求。隨後烏龜說，選舉投票涉及每一位動物的權力和利益，缺席任一位動物會議都不能進行；所以，一定要等野兔返回才能進行領袖投票選舉。當然，大家並不知道野兔那時正在謀劃陰謀。

離開會議現場的野兔，開始快速地收集腐爛食物，牠把所有爛東西裝進一個袋子裡。隨後，牠把臭味濃烈的袋子拿到烏龜老先生的屋後——狗先生嗅覺靈敏，牠的本性會讓牠在會場坐不安穩的，只要狗先生找到這個袋子便會落入牠的陷阱。野兔布置完畢，洗了手——不能讓大家聞出臭味，這樣牠們會識破自己的陰謀——隨後，牠回到了會場中。

「嘿！你那麼早出去，怎麼現在才回來啊？」烏龜老先生問野兔。

「烏龜老先生，我剛剛在處理一些消化系統的問題，不過，感謝上帝，現在都解決了。」野兔對烏龜說。

「好！現在我們繼續會議議程。」烏龜對大家說。

狗沒能抵抗住從烏龜家房子後面散發出的強烈臭味。牠的本能讓牠一心想找出那可怕臭味的來源，此時此刻，牠覺得這件事於牠而言十分重要。出於責任心，牠知道自己不該離開會場，但可怕的本能開始蠶食牠的內心。在烏龜先生要宣布動物投票的結果之前，狗先生終於按捺不住了，牠起身

說：「尊敬的烏龜先生，請原諒我打斷您的講話。我感到非常抱歉，但是，請大家允許我離場一分鐘的時間！」

烏龜先生說：「哦，狗先生，我們現在要宣布會議投票最終結果，你卻對我說自己要出去嗎？你要去哪裡啊？」

狗先生像以前一樣非常的謙卑禮貌，並且，牠有著能感動其他動物的能力。牠說：「我馬上去做一點事情！我不能把這件事放在選舉之後，因為，如果我沒有去履行自己的使命，我的老祖宗看到了會難過的！」

在遲疑了幾分鐘後，烏龜老先生允許狗先生離開。狗迅速離開了會場，牠開始尋找臭味的發源地，牠一邊走一邊嗅，順著風吹過來的方向尋找著。突然，牠看到了一個裝滿腐爛食物的袋子，牠解開袋子，坐在那裡開始吃起了垃圾。

會場上，所有的動物都開始抱怨狗先生的長時間缺席，牠們期待狗先生會馬上趕到，卻遲遲不見牠回來！

一些動物開始著急了，便大聲問道：「大家真的要選不稱職的狗做領袖嗎？很早就出去了，直到現在也不見牠回來！」

「我已經說過了，那個傢伙不能當領袖！現在，我們去找牠吧。」野兔建議著，牠已經知道一切都在牠的計畫當中。

就這樣，所有的動物離開了會場去尋找狗先生。為了節約時間，大家分頭行動。野兔直接來到牠自己設下的「陷阱」

附近，果然，牠看到狗先生正坐在那裡吃發臭腐爛的食物。

野兔非常得意，牠立即轉身去尋找其他的動物，牠要讓牠們都來看看狗在做什麼。

野兔回到會議現場高聲詢問其他已經無功而返的動物們：「你們找到狗了嗎？」

其他動物回答：

「沒有！我們沒有找到牠。我們把整個村子找遍了，也沒有看到牠！」

這時，野兔打斷了大家的講話說：「你們當然找不到牠！我剛剛在這裡的一個角落裡看到牠了，牠現在非常安逸！」

大家驚奇地說：「快告訴我們牠在哪裡！有些人扔下自己的家人從很遠的地方趕到這裡開會，而狗卻讓我們白白等在這裡，我們等牠等得已經失去了耐心。」

野兔利用這個機會開始用語言汙衊攻擊狗先生，說牠並不是動物們最合適最理想的領袖，接著，牠又說：

「那個傢伙正在烏龜老先生的屋後吃所有客人的食物殘渣呢。你們可以去看看，牠現在還在吃垃圾。你們能把領袖大位交給這樣的動物嗎？」

所有的動物都朝著野兔所說的地方走去，當牠們看到眼前的一幕時，大家都目瞪口呆。因為，狗正在吃可怕的垃圾。但是，仍然有一些動物把信任和希望寄託在牠的身上，

牠們開始大聲呼喚牠的名字。但是,狗先生已察覺到所有的動物在觀察自己,牠非常難為情,但牠不能轉過頭去,因為,那樣所有的動物都會看到牠骯髒的臉部和牙齒。

從那時起,所有的動物都不再對狗抱有期望,牠們返回會議現場,達成一致意見 —— 狗不能成為動物們的領袖。

牠們決定選舉另外一個動物做領袖。最終,大家選舉大象為動物們的領袖,因為,牠非常忠厚,且擁有異於常人的體力。那次的事情讓狗先生覺得非常難為情,後來牠決定不再參與會議了。

烏龜和豹子

（迦納）

　　烏龜和豹子為了解決牠們的單身問題，一造成城裡為自己挑選未婚妻。烏龜遇見了酋長的女兒並愛上了她，隨後，牠把這件事告訴了豹子。誰料想豹子也在喜歡酋長的女兒，可聽了烏龜的話，牠只能去挑選其他女孩了。但是，酋長是一個有野心的人，他期望自己的女兒嫁給一個有錢有勢的人。因此他到處說，烏龜只會抓一些螞蚱，而豹子可以獵殺大型的動物；所以他決定把自己的女兒嫁給豹子做妻子。

　　烏龜不同意這說詞，這一天，牠宣稱自己要出去打獵，卻遭到人們的嘲笑。但這並沒有動搖烏龜。牠來到一條布滿石頭和木棍的大路上，安靜地待在那裡。

　　一段時間過後，兩隻羚羊出現了。

　　「烏龜，你在做什麼啊？」兩隻羚羊問道。

　　「在把自己的籃子裝滿之前，我想在這裡休息一下。」

　　「你能拎著籃子回去嗎？」兩隻羚羊嘲笑說。

　　「為什麼不可以？我有能力拎動籃子，即使把你們放在我的籃子裡我也拎得動。」

　　兩隻羚羊無所顧忌地大笑起來，但是，為了證明烏龜在吹牛皮，烏龜根本拎不動裝有兩隻羚羊的籃子，牠們主動鑽進籃子裡。烏龜立刻上前把牠們兩個捆綁好，並對牠們解釋，捆綁起來是為了防止牠們在路途上掉下來。就這樣，烏龜抓住了兩隻羚羊，隨後，牠拿起斧頭砍死了羚羊。

　　接著，牠請求大家幫牠將兩隻羚羊運到酋長的住所。當大家看到地上被斧頭砍倒的羚羊，都非常吃驚。酋長認為烏龜有能力成為動物界最強大的動物，也能給自己提供豐富的獵物；所以，同意把自己的女兒嫁給牠了。

女人和獵人

（南非）

從前，有一個村子叫穆東巴，村子裡有一個獵人名叫薩多·基瓦-卡姆。有一天，他獵殺了一頭非常大的動物，他對村子裡的女人們說：「我不需要你們支付金錢，如果你們想要得到野味，可以盡情地跳舞，這樣你們每個人都可以得到野味。」

女人們開始高興地跳舞，然後，跳過舞的人就可以拿著肉回家了。但是，有一個叫卡巴西的女人卻不願意跳舞。當她的丈夫回到家的時候問她：「其他女人都拿著肉回家了，你為什麼沒有得到肉啊？」

女人回答說：「必須跳舞才能得到肉，但是，我不想跳舞。」

丈夫命令妻子跟她們一起跳舞去，因為，這樣他便能吃到野味。卡巴西只得再到獵人的家裡去跳舞。但是，肉已經分發完畢，只剩下一些骨頭了。獵人對她唱著說：「當其他人跳舞的時候，拿走的是肉，你跳舞卻只能拿走骨頭！」

後來，女人只能把那些剩下的骨頭拿回家了。

猴子和野兔

（迦納）

　　猴子和野兔曾經是好朋友。牠們像親兄弟一樣居住在一起。但是有一天，猴子看到野兔正在睡覺，便嘻嘻笑著用力拉兔子的耳朵。

　　兔子從睡夢中醒來覺得非常難受，心裡也很不高興。牠覺得非常痛苦，所以一直沒有和猴子說話。

　　猴子見此情況，趕忙請求兔子原諒自己。牠說：「哦，我的朋友別生氣，我只想把你的耳朵給你伸展開。」

　　但是，牠說這話時喜笑顏開。

　　兔子回答說：「沒關係。」

　　幾天後，兔子也看見自己的朋友猴子正在睡覺——躺在一棵大樹下鼾聲如雷地睡大覺。兔子自言自語地說：「現在該輪到牠了。」

　　兔子爬上樹，然後用力地從樹上跳了下來，正好落在猴子的尾巴上。驚醒過來的猴子心裡也很生氣。

　　當牠知道是自己的朋友野兔所為時，猴子不知道該說些

什麼。而野兔卻說道 ：「哦，朋友，你不要生氣！我以為你的尾巴是一條蛇，所以我才會那麼做！」

當猴子聽到朋友的話時，一句話也說不出來。

豹子、鹿和猴子的故事

（安哥拉）

　　豹子夫人父母的家離豹子家很遠。有一天，豹子請求鹿先生陪牠一起去看望岳父母。鹿先生同意了。牠們手裡拎著一壺棕櫚果釀製的果酒起程了。牠們走啊、走啊，到了一塊田地邊。

　　豹子先生對鹿先生說：「你看見那塊田地了嗎？田裡種植的番石榴都是我岳父母的。一會兒，我們可以吃一些番石榴，不過，我們只能吃青澀的，長熟的要留給田地的主人。」

　　牠們來到番石榴地裡，鹿先生按照豹子的建議只摘青澀的果子。豹子先生在確認田地裡視線昏暗後，便立即爬上樹去享用已經成熟的番石榴。

　　當牠回到地上的時候嘆息地說：「哎！鹿先生，那些番石榴也太青澀了吧？」

　　「豹子，你是說那些水果沒有成熟嗎？」

　　「是啊！剛剛我在和你開玩笑，難道你真的吃了沒有成熟的番石榴……」

　　牠們兩個繼續自己的旅程。接著，牠們又看到另一塊田地。

　　「你看到那甘蔗林了嗎？牠也是我岳父母的。但是，我們只能去吃一些細小的甘蔗，大甘蔗要給主人留下。」

　　鹿先生聽從了豹子的話，而豹子先生卻鑽進甘蔗林肆無忌憚地吃著美味的大甘蔗。

　　「哎呀，鹿先生，你的嘴唇上有傷口嘛！」

　　「豹子，我吃的都是細小的甘蔗，所以，我的嘴巴上有傷口……」

　　「鹿先生，你是不是傻？剛剛我給你開玩笑，你真的吃了細小甘蔗啊！好了，我們繼續趕路吧。」

　　牠們走啊、走啊，現在，牠們面前出現了一片灌木叢。

　　「你看到那個灌木叢了嗎？對了，我的岳父母家裡沒有吃飯的勺子！所以，我們要把自己的勺子藏起來，以免被牠們搶走！」

　　鹿先生在豹子指定的地方把自己吃飯用的東西全部埋起來。

　　牠們又走了一段時間。

　　「嘿，鹿先生，我的岳父母非常不懂禮貌。當牠們說『我

酷』[09] 的時候，你不要回答牠們『我洛』[10]，而要對牠們說『比奧庫庫』[11]。當牠們想要收下我們帶來的果酒時，你要把果酒放在地上。隨後，我也會跟著你做一次。這樣我們便可以揭露牠們厚顏無恥的行為。」

「好的，豹子。」

當牠們抵達目的地的時候，孩子們高興地喊叫著：

「姐夫，姐夫！…… 鹿叔叔，鹿叔叔！…… 」

家中最年長的老者向牠們問候：「我酷！」

鹿先生依照之前的約定說：「比奧庫庫！」

當豹子女朋友的家人試圖接過果酒的時候，鹿故意把東西放在地上。隨後，在場所有的人都在背後指責牠。

在吃飯的時候，豹子先生讓鹿先生去拿一些勺子。利用這個時間，牠風捲殘雲般把所有的食物都吃掉了。然後，牠把水倒在地上。

「鹿先生，你的動作也太慢啦！你看見地上的那些水了嗎？那些人把東西全部吃光了……牠們吃完之後，還在這裡洗洗手。我一口飯也沒有吃到啊！鹿先生，沒辦法，我們只能等到明天吃飯啦。」

---

[09] 我酷：安哥拉土著語金本杜語的音譯，意為你好。
[10] 我洛：安哥拉土著語金本杜語的音譯，意為很高興認識你。
[11] 比奧庫庫：安哥拉土著語金本杜語的音譯，意為別叨擾我或滾開。

「沒關係，豹子。我們等到明天再吃飯吧。」

晚上，大家都在睡覺，豹子先生來到畜欄裡殺死幾隻羊，並吸乾牠們的血。

奸詐的豹子吃完羊肉，並沒有回到自己的房間，而是來到鹿先生的房間，並且在牠的身上抹上羊血。

第二天上午，鹿先生遲遲沒有走出自己的房間，幾個孩子去叫牠起床，卻大叫起來：「啊！鹿叔叔全身都是血！」

看到房間像一個屠宰場，大家憤怒地說：「啊！原來牠是殺死羊的罪魁禍首！」大家對牠一頓拳打腳踢 —— 要命的是，憤怒的人們殺死了鹿先生。

又過了一段時間，豹子先生又邀請猴子先生陪牠到岳父母家去。猴子接受了邀請，在出發的日子裡牠們各自拿著一壺棕櫚果果酒。

牠們抵達第一塊農田的時候，豹子說道：「你看到那塊田地了嗎？」

「是的，豹子，我看到了。」

「那塊番石榴地是我岳父岳母的田地。我們可以去吃一些果子。但是，我們只能吃沒有長熟的番石榴，長熟的番石榴要留給地主。你聽見了嗎？」

「豹子，吃生番石榴這件事，你不用特意告訴我。我早已知道成熟的番石榴要留給主人。再說了，我也不喜歡吃熟

番石榴，成熟的番石榴實在是太甜了。我喜歡吃青澀的，而且，青澀的番石榴小鳥也沒有啄過。」

牠們來到番石榴林後，豹子先生想幫猴子摘番石榴。

「豹子，摘番石榴是一件很累的工作，你不用幫我了。」

豹子先生在場的時候，猴子先生只啃食一些青澀的番石榴。但是，當牠看到豹子離開後，牠便輕盈地跳到樹上安逸地趴在樹上品嚐成熟的番石榴。與此同時，牠看到豹子先生也在做同樣的事情。

「你吃成熟的番石榴了嗎？」豹子先生疑惑地問，牠看到猴子手裡拿著一個成熟的番石榴。

「哦！我拿個成熟的番石榴只是想看看，我吃的都是青澀的番石榴。你看，我把果酒壺放在這裡了。我們出發吧！我年紀小，你不要生氣啊！」猴子狡猾地說。

甘蔗地也已經出現在牠們眼前。

「你看到那片甘蔗林了嗎？同樣，那也是我岳父岳母的土地。我們可以去那裡品嚐一下。但是，我們只能吃細小的甘蔗，大甘蔗要留給我的岳父母。你聽到了嗎？」

「豹子，我已經知道了…… 說實話，我也不喜歡吃甘蔗，味道太甜！我非常喜歡吃蘆葦稈，味道太鮮美啦！」

當豹子先生在牠身邊的時候，猴子只挑選細小的甘蔗。但是，當豹子離開了牠的視線，牠立即吃很粗大的甘蔗。

「猴子先生，你吃到大甘蔗了嗎？」豹子問道。

「哎呀！細小的甘蔗劃傷了我的嘴巴，我什麼也沒有吃到啊！你看看，我把果酒壺放在這裡了，我們上路吧！」

「啊，猴子先生，剛剛我在和你開玩笑！你不要生氣啊！」

牠們又一次上路了，一片灌木叢進入牠們的視線。

「猴子，當我們到灌木叢的時候把我們的勺子藏起來吧。我岳父母家裡沒有勺子，牠們會向我們索要勺子的。」

「是啊，豹子，現在我們去把勺子藏起來。我們了解牠們的習慣後，應該特別小心。豹子，我說得對嗎？」猴子假裝把自己的勺子藏在灌木叢裡。

又走了一段路後，豹子岳父母的房子就出現在了牠們眼前。

「猴子先生，那家人非常沒有教養，當牠們對你說『我酷』的時候，你不要回答牠們『我洛』，一定要對牠們說『比奧庫庫』。牠們想要接過果酒壺時，你把酒壺放在地上。聽到了嗎？」

「好的，豹子，我一定會好好教訓牠們一頓。我也會把那壺果酒摔碎。有一件事我已經醞釀很久了，你看我怎麼對付那家沒有教養的人吧！」

當牠們到了目的地時，小孩子們對著牠們大叫：「姐

夫！……姐夫！……猴子叔叔！……猴子叔叔！……」

猴子看著孩子們微笑起來。

年長者對牠們說：「我酷！」

猴子先生恭恭敬敬地回答：「我洛！」

當豹子岳父母的家人伸手接果酒壺的時候，猴子非常樂意地交給了牠們。

豹子先生低聲責備道：「嘿，為什麼不按照我教你的方法去做啊？為什麼不把果酒壺放在地上啊？」

「豹子，我不喜歡和牠們說話！我想立即走掉，所以我直接把那個酒壺給了他們，現在我可以離開了嗎？」

「嘿嘿嘿！你閉嘴！不要說話啦！」豹子生氣地說。

到吃飯的時候，豹子先生讓猴子出去拿勺子：「你快去拿勺子吧！但是，不要像鹿先生那樣磨磨蹭蹭，你到客廳裡找找。你看，在家裡吃飯的人很多……不然，我們又要像上次那樣忍饑挨餓啦。」

猴子剛一離開，豹子先生立即開始大口喝大豆湯，大口吃著玉米粉和肉塊。猴子先生透過門縫看到裡面的一切。牠跳了進來，站在豹子先生的身邊抱住牠的手臂。

「豹子，我看到你已經吃了四塊肉了！現在，我也應該吃四塊肉啊！」

「不，猴子，我剛剛是在試吃！……嗯嗯嗯，你不要著急吃飯！」

「豹子，你知道我的特點：食物在哪裡，我的腿就在哪裡。任何人也不能讓我動一動啊！」

深夜，大家都已經就寢，豹子先生又來到畜欄裡殺死幾隻羊，並吸乾牠們的血。

猴子生性機警，牠聽到動靜後，立即起床檢視。牠跟隨在豹子的身後，看到了一切。吃完羊肉後，豹子故伎重施，悄悄潛入猴子的屋子，卻沒有找到猴子，只得回到自己屋中睡覺。等豹子睡著後，猴子走進去將收集到的羊血全部倒在豹子的身上。

第二天一早，當有人憤怒地大叫「有人殺死羊啦！有人殺死死我們的羊啦！」時，猴子先生立即趕到了現場。但是，豹子卻沒有出現。小孩子們衝進豹子的房間準備叫醒牠時驚訝地大叫起來：「啊！姐夫身上全部都是血！姐夫的身上有羊血！」

憤怒的家人對著可惡的豹子一頓暴揍，那是一頓非常慘烈的暴揍，最後，牠們殺死了豹子。

「我們錯怪了可憐的鹿先生，沒想到殺死羊的罪人竟然故伎重施再次殺死幾頭羊！」

幾天後，猴子返回了故鄉。牠變身為一個郵差來到豹子

家對豹子的夫人說：「豹子讓我給你們帶來真摯的問候。牠留在那裡幫助自己的岳父岳母工作，讓我把這些烤肉給你們帶回來。」

豹子的夫人非常高興，牠已經很多天沒有吃過肉了！但是，牠最小的女兒大哭起來說：「媽媽，這些烤肉聞起來像是爸爸的味道！」

「啊！孩子，你在說什麼傻話！你是瘋了，還是生病啦？」

「啊！夫人，你別怪罪孩子，她不會說話！」猴子先生點頭說。

豹子夫人準備了一些木薯粉。大家都在享用烤肉，只有牠最小的女兒拒絕吃肉，並堅持自己的意見：

「媽媽，這個肉有爸爸的味道！」

晚上，猴子來到鹿先生的家裡，牠準備陪母鹿女士聊天。在房子外面的篝火旁邊，母鹿和孩子們坐在一張鋪在地上的蓆子上，幾頭來訪的公鹿坐在幾片棕櫚葉子上，大家一起聊著天。母鹿女士梳理著自己的思緒唱道：

我們殺死了豹子。

誰殺死了我的丈夫，正是那隻豹子！

接下來，猴子先生用相同音調唱道：

母鹿，你不知道，
我給你一頭牛！
母鹿，你不知道，
我給你一頭豬！
母鹿，我給你一頭牛！
母鹿，你要堅強起來！
我會給你一頭豬！

聊天依舊在持續。最後，猴子先生把發生的事情講述了一遍。

猴子說道：「鹿夫人，我給你和家人帶來一些肉。」牠繼續說，「這些肉其實就是你丈夫。我已經把鹿先生當作自己的家人了，看到牠我感覺自己的身體被火燒烤一樣。」

孩子們哭泣著說：「這些肉有爸爸的味道！」

母鹿和小鹿

（坦尚尼亞）

母鹿女士為了友誼，邀請自己的教父小鹿先生到家裡做客。小鹿來到了母鹿的家裡，母鹿女士對牠盛情款待，幾天後，牠對母鹿女士說：「你知道嗎？我喜歡上了你的妹妹！」

「如果你喜歡牠，我會為你們安排一次交談。」母鹿回答說。

母鹿女士把小鹿喜歡上妹妹的事情告訴家人，小女孩也點頭願意和小鹿先生交往。接著，小鹿開始和牠談戀愛了。

又過去兩天，母鹿女士告訴小鹿自己要去上班。小鹿為了繼續留在母鹿家裡，便假裝生病了。母鹿女士只好推遲自己的行程。

小鹿先生繼續臥床裝病，母鹿便請來巫醫為牠診斷病情。

但是，巫醫們在診斷之後都說：「那個傢伙在裝病！」

母鹿請求小鹿說：「我的好朋友，經過大夫診斷，你並沒有生病！你還是趕緊離開吧！」

小鹿氣喘吁吁地說：「好朋友，真不好意思！我的身體不允許現在起程。」

一天天過去了，小鹿好像病得已經死掉了。

母鹿女士把牠包裹在蓆子裡準備安葬了。臨走之前，她輕輕伏在小鹿的耳朵邊說：「好朋友，我們現在要去把你安葬，為什麼你還沒有醒過來啊？」

「啊！你們要把我埋掉！真的非常抱歉！」

「為什麼非常抱歉啊？你沒有偷東西沒有犯罪，也不欠任何人東西……」

「真的非常抱歉，你不用理會我的死活。」

小鹿的身體被安放在袋子裡。到了下葬的時候，母鹿女士慢慢地把小鹿放進墓穴。

「好朋友，我們現在要把你安葬，你聽見了嗎？！」她最後一次小聲說道。

「我已經說過了，你可以把我安葬！真的非常抱歉啊！」

「可是，你為什麼總說抱歉呢？你沒有犯罪，也不欠任何人……我們要離開了，你不要那麼傻！你現在已經死掉了嗎？」

「是的，我已經死了！真的很抱歉！」

看見小鹿如此固執，母鹿女士便用力搖晃著自己朋友的

身體；但是，牠卻沒有給出任何反應！

　　為了完成葬禮儀式，母鹿命令自己的助手去把小鹿埋掉。

　　但是，母鹿的家人極力反對牠這樣做。「啊！啊！啊！小鹿只是喝醉或者身體不適，我們怎麼能把牠活埋呢？」

　　突然，小鹿走出墓穴，站在一邊固執地說，自己已經死掉！

　　是不是小鹿的一句「抱歉」，讓牠免受活埋的厄運？

兔子和猴子

(尚比亞)

　　猴子去找自己的朋友兔子聊天，並對牠說：「獅子奶奶是一名優秀的獵手，殺死了我們很多同類，以餵養她自己的孩子。我們同樣要去殺死她和她的孩子。」

　　兔子覺得這是一個很好的主意。但是，當牠們來到獅子面前的時候，才知道這主意真不怎麼樣。

　　「哎，獅子奶奶，請你先不要吃我們。我們還是年幼的孩子，肉太少不夠你吃！如果你餓的話，我們去幫你找更大的獵物。比如，公牛爺爺、野豬大叔以及其他的大型動物……」兔子和猴子懇求說。

　　獅子奶奶同意了。

　　「獅子奶奶，當牠們抵達這裡之前，你應該在身上放一些稻草裝死。」猴子建議說。

　　牠們兩個走出大門，開始拍打巴圖克鼓高聲唱起：

　　獅子奶奶死掉了，我們自由啦。
　　獅子奶奶死掉了，我們自由啦。
　　獅子奶奶死掉了，我們自由啦。

動物們聽到這個消息非常高興，牠們聚在獅子奶奶的房間裡跳舞慶祝。

「啊，獅子奶奶去世啦！驚喜的我覺得這好似不是真的！」大家都圍繞著草堆盡情地跳舞……

兔子和猴子擊打著堅硬的木鼓離開了房間，並且把房門關緊。獅子突然從稻草堆上站起來，大叫著屠殺了屋子裡所有的動物。房間瞬間變成一個屠宰場。可當牠再看見猴子和兔子的時候，牠又一次決定要殺死牠們。

「奶奶，你不要殺死我們，我們可以幫你撿乾柴燒烤這些肉！哎呀，難道你不想有人幫你嗎？」猴子建議說。

獅子奶奶同意了，牠們便去野外找乾柴。

但是在野外，牠們遇到的蟒蛇爺爺想要吃掉牠們。

「爺爺，請你不要吃我們。我們可以給你帶來一個體型像你一樣龐大的動物。我們還是孩子，身上的肉也不夠你吃。」猴子哀求說。

蟒蛇點點頭。

猴子和兔子又來到獅子的住處對獅子說：「獅子奶奶，我們兩個又捉到了蟒蛇爺爺給你做食物。你最好跟我們去一趟吧。」猴子說道。

獅子奶奶跟著牠們前往蟒蛇的住處。當牠們抵達蟒蛇洞口時，猴子對著洞口說：「蟒蛇爺爺，我們給你帶來像你一樣

大的獵物。」

蟒蛇爺爺從洞裡爬出來，很快殺死了獅子。

「獅子奶奶家裡有很多肉，我們去給您烹飪。」猴子邀請蟒蛇說。

牠們三個來到獅子的家裡，兔子和猴子把乾柴放在地上。

「爺爺，我們需要火種，大家一起去田地裡找火種吧。」猴子說。

當人類看到蟒蛇的時候嚇得四處逃散：「蟒蛇！蟒蛇！」

猴子撿到了人類遺留下的火種。猴子對蟒蛇說：「蟒蛇爺爺，你可以點火啦。」

蟒蛇的頭上和尾巴上都是稻草，牠先點燃頭上的稻草，然後又點燃尾巴上的稻草。隨後，大火燒死了蟒蛇。而猴子和兔子趁機逃跑了。

村子裡的老鼠

（喀麥隆）

居住在村子裡的老鼠們厭煩了整日被貓追趕的生活，牠們總是看著牠們的同類死在貓嘴巴裡。於是，牠們決定召開一次大會。會議的議題是：如何讓貓滅絕。

經過激烈的辯論之後，大家終於取得了一致的意見，並且大家也想到了一個解決辦法：在貓的脖子上掛鈴鐺。當貓攻擊老鼠的時候，牠一跑動鈴鐺聲就會響起，老鼠們就可以立即逃跑。這樣，用不了多久，吃不到食物的貓就會死掉了。這真是個好辦法！所有的老鼠都同意這個辦法。

會議主席說：「我們成功地想出了好辦法，現在該談執行問題了。誰願意當第一個把鈴鐺掛在貓脖子上的志工呢？」

老鼠們開始相互看著對方，卻沒有一隻老鼠願意去執行這個光榮任務。

所以直到今天，老鼠依然是貓咪鍾愛的食物。

獅子爺爺的池塘

（奈及利亞）

　　獅子爺爺召集所有的動物來開會，牠對牠們說：「我們需要在附近建造一個大水塘。大家要努力挖掘水塘，等到雨季來臨時，水塘裡就會積滿水。」

　　動物們覺得挖掘水塘是個好主意。於是，每個動物都拿著自己的鋤頭開始勞動。

　　到了雨季，大水塘被雨水填滿，獅子爺爺再一次通知大家：「你們可以來水塘喝水了。」

　　儘管兔子並沒有參與挖掘水塘的工作，牠卻第一個拿著水壺前來取水。裝滿一壺水，又裝滿第二壺水，接著是第三壺水。直到牠裝滿第六壺水才作罷。可隨後，牠竟跳進池塘裡嬉戲。

　　兔子在池塘裡一邊嬉戲、沐浴一邊說道：「我用車運水，池塘很快就會乾涸。」

　　其他頭頂裝水的葫蘆的動物看到池塘的水被兔子弄得那樣渾濁，便到獅子爺爺家裡告訴牠所發生的事情。隨後，獅子爺爺命令身手靈敏的小鹿去看守池塘。

當天下午，兔子又拿著自己的水壺來取水。裝了一次又一次，並一次次把葫蘆裡的水倒在地上。最後，牠再一次跳進池塘裡洗澡。

「我們用車運水，池塘會乾涸。我們運輸水，池塘會乾涸。」牠依舊在池塘裡嬉戲。

小鹿覺得自己應該先藏起來，然後，牠唱著歌通知其他的同伴：

儘管你很聰明，

我們會抓住弄髒水塘的傢伙！

儘管你很聰明，

我們會抓住弄髒水的傢伙！

聰明的兔子則躲在水中，模仿著獅子爺爺的聲音唱著回答：

我們的孩子，

讓牠盡情地毀掉池塘吧！

我們的孩子，

讓牠盡情地毀掉池塘吧！

小鹿把事情告訴了獅子爺爺。獅子說自己沒有說過那樣的話。隨後，牠把小鹿替換下來，命令母鹿女士前去看守。

母鹿來到池塘邊，兔子依舊在用葫蘆裝水，又重複著自己往常的動作。

母鹿也用歌唱的方式通知自己的同伴們：

儘管你很聰明，

我們會抓住弄髒水塘的傢伙！

儘管你很聰明，

我們會抓住弄髒水塘的傢伙！

同樣，兔子又再一次模仿獅子的聲音唱道：

我們的孩子，

讓牠盡情地毀掉池塘吧！

我們的孩子，

讓牠盡情地毀掉池塘吧！

母鹿向獅子爺爺抱怨。同樣，獅子依舊否認自己說過那些話，隨後，又命令另外一個動物前去看守。可結果依舊。接著，一個又一個的動物被派往看守池塘；但是沒有例外，牠們都落入了兔子的陷阱。

烏龜沒有選擇迴避，牠主動地站出來要接受這項看管水塘的任務。

「啊！你想去看守池塘嗎？所有長犄角的動物都失敗了，你難道認為自己比牠們更強大嗎？」獅子笑著說。但烏龜執意要去執行這個任務。

與前幾次一樣，兔子在裝完水之後，開始在池塘裡嬉戲玩耍。隨後，牠聽到烏龜在唱：

儘管你很聰明，

我們會抓住你這個弄髒水塘的傢伙！

儘管你很聰明，

我們會抓住弄髒水塘的傢伙！

兔子早已經想好如何回答了，但是，烏龜卻游進水塘鑽到兔子身體的下面，將兔子的頭頂出了水面。兔子難以再次模仿獅子爺爺的聲音，牠被動物們擒住，帶到獅子爺爺的身邊。

獅子爺爺要給兔子安排一個艱鉅的任務，牠卻趁機溜走了。從此以後，兔子再也沒有在大家面前出現過。

兔子和烏龜

（布吉納法索）

兔子和烏龜是一對很好的朋友。有一年，牠們約定一起種植大豆 —— 當大豆成熟時，牠們還可以在一起將收穫的大豆製成美味的大豆飯。

這一天終於到來了，正當牠們準備好了美味的餐食時兔子說道：「好朋友，我想起來還要給一個人帶個口信。我馬上回來，請你稍等一下。」烏龜承諾會等牠回來一起吃飯。

兔子走出去幾米遠後，穿上一件燕尾服，開始用石子投自己的朋友。烏龜看到石子紛飛，感覺非常害怕。為了避免被石子砸中，牠放棄了香噴噴的大豆飯跑了出來。隨後，兔子返回屋子獨自吃完大豆飯。接著，牠脫去自己身上的燕尾服。

當烏龜回來的時候，兔子問牠屋內一地的石子是怎麼回事。烏龜請求兔子原諒，牠說：「也許，是那隻討厭的猴子在搗亂。」

「也許是吧！」兔子卻擺出一副無所謂的樣子。

隨後的幾天，兔子總是使用同樣的手法獨自享用美味的

大豆。後來,烏龜開始懷疑兔子 —— 因為牠總是在同一時間出去傳遞口信。下一次,烏龜假裝躲避石頭逃了出去,牠偷偷地藏在灌木叢後面,靜靜地觀察 —— 牠終於知道誰是扔石頭的人了。氣憤之餘,牠決定效仿兔子的做法。

烏龜對兔子說:「好朋友,自從我們收割了大豆,還沒有祭祀過祖先的靈魂。牠們居住在河裡,也許,就是牠們的靈魂向我投擲石頭。我們還是把大豆扔到河裡吧,一來寄託我們的哀思,二來避免再次被石頭砸。」兔子非常迷信,聽到「靈魂」的時候心裡充滿恐懼。

牠立即同意了烏龜的建議。接著,居住在水中的烏龜跳進河裡,獨自把豆子吃完。隨後幾天,也都是這樣。

吃不到大豆的兔子漸漸不喜歡這樣祭祀祖先的方法了。產生懷疑的牠往河裡撒豆子的時候,故意把豆子掛在魚鉤上。當烏龜潛水吃豆子的時候,把魚鉤也吃了進去,接著,兔子把牠釣了上來。從那時起,牠們之間的友誼就終結了。

狼和野羊

（衣索比亞）

　　有一天，一隻野羊對獅子說：「有一位狼先生在法院工作，牠想到這裡探望我。」

　　「你如何看待這件事啊？」野羊問獅子。

　　「我的上帝，你太天真啦！難道你不知道牠會吃你嗎？不過，你和我待在一起，牠肯定不敢吃你！」

　　那天夜裡，獅子躲藏在野羊的洞穴附近，沒過多久，牠便聽到有人說話：「親愛的野羊女士，你在嗎？」是狼的聲音。

　　「我在，你想幹什麼啊？」獅子模仿野羊的聲音回答道。

　　「我想和你成為一個團隊，像之前我們說好的那樣。」

　　與此同時，狼慢慢地走進野羊的洞穴，想要出其不意抓住自己的獵物。但是，另一邊的獅子也猛地跳出來襲擊了牠。受驚的狼只能用最快的速度逃跑了。

　　第二天，野羊看到狼身上有很多傷口，問牠到底發生了什麼事情。

　　「你怎麼會不知道發生什麼事情呢？！我只是想和你開個

小玩笑，現在我卻成了這個樣子！」

　　從那天起，狼再也不在晚上去找野羊了，因為，牠害怕再一次被攻擊。

　　直到今天，狼也不知道如此瘦弱的野羊為什麼總是勇於在夜間出沒。

小白兔

（迦納）

　　早上，一隻小白兔來到菜園裡拔了一顆白菜準備做菜湯。當牠回到家裡的時候，卻發成屋門被從裡面鎖起來了。

　　牠敲門說：「我是小白兔，這是我的家，我從菜園裡拔回白菜要做湯喝。」

　　房間裡發出一個聲音：「我是一頭山羊，跳躍的高度是你的三倍。」

　　小白兔傷心地哭了起來。屋外，一隻狗看到了牠，狗問牠：「小白兔，你怎麼啦？」

　　「今天一大早，我去菜園摘白菜做湯。當我回到家裡的時候，一頭跳躍起來比我高三倍的山羊搶占了我的家。」

　　狗回答說：「我不能幫你，我害怕山羊。」

　　小白兔繼續邊走邊哭，接著，牠遇到一隻公雞。公雞問小白兔：「小白兔，你怎麼啦？」

　　「今天一大早，我去菜園摘白菜做湯。當我回到家裡的時候，一頭跳躍起來比我高三倍的山羊住在了我家裡。」

公雞回答說：「我不能幫你，因為，我害怕山羊。」

小白兔繼續邊走邊哭，碰到一頭母牛。母牛問小白兔說：「小白兔，你怎麼啦？」

「今天一大早，我去菜園摘白菜做湯。當我回到家裡的時候，卻看到一頭跳躍起來比我高三倍的山羊霸占了我的家。」

母牛回答說：「我不能幫你，因為，我自己害怕山羊。」

小白兔不知道怎樣才能回到自己的家裡。

牠越來越傷心，哭聲也越來越大，直到牠碰見一隻螞蟻。小螞蟻問道：「小白兔，你怎麼啦？」

「今天一大早，我去菜園摘白菜做湯。當我回到家裡的時候，一頭跳躍起來比我高三倍的山羊住在了我家裡。」

螞蟻堅決地說：「我去幫你解決這個問題。」

螞蟻和小白兔一起來到小白兔家門外。牠們在外面敲門，然後，聽到裡面回答說：「我是一頭山羊，跳躍的高度是你的三倍。」

「我是一隻螞蟻，可以把你的腸子拉出來，然後，在你的肚子上鑽個洞。」

接著，螞蟻從門鎖的孔洞裡鑽了進去，殺死了山羊。隨後，牠打開房門讓小兔子進屋烹飪白菜湯。

　　小白兔邀請螞蟻居住在自己家裡。螞蟻同意了，從此以後牠和小白兔居住在了一起。

小白兔

獅子和野兔

（蒲隆地）

野兔不知道怎麼樣才能還清欠自己朋友的債務。

再三思考之後，牠決定尋找最富有的獅子幫忙。牠沒有繞圈子，直接跪在獅子的面前說：「你是我最好的朋友，獅子，求您借給我一頭牛。我有一些陳年老帳要償還。」

獅子問了牠幾個問題，最後，同意借給牠一頭牛。

野兔帶走了那頭牛，在殺死牛之後牠把牛肉切成小塊，然後拿著牛肉去償還了自己欠下的舊債。

第二年，雨季並沒有如期而至。很多動物和植物都死掉了。河水也下降得很快，大部分的水源地，如湖泊、池塘都變得乾涸。

獅子也受到旱災的威脅，食物出現嚴重短缺。牠想起野兔曾經欠下的債。因此，牠前去兔子家裡索要之前借給牠的一頭牛。獅子在一條快要乾涸的河道附近找到了野兔，牠正在啃食乾草。牠向野兔問好並說明自己的來意。

野兔回答說：「我親愛的獅子，請您原諒我，我今天無法償還您的債務。您也看到了，大家的日子都不好過。但是，

您不用擔心，明天我一定還清您的債務。」

第二天，野兔在癩蛤蟆的幫助下找到一口泉眼。

隨後，野兔進入羚羊群中對羚羊們說：「我的先生們，你們在這裡幹什麼啊？」

羚羊們口乾舌燥地回答說：「你不知道我們在找水嗎？」

「你們跟我來。」野兔帶著牠們來到自己發現泉水的地方對牠們說，「那裡有清涼的泉水。但是，你們不要把水喝光。」

野兔又迅速找到獅子，對牠說：「朋友，你跟我來啊。」

「什麼事情啊？」獅子看著牠說。

「請你到泉水邊，在那裡你可以看到我償還給你的東西。」

老頭和狗

（蒲隆地）

年邁的老頭餵養了一條狗，他非常用心地照顧牠。

有一天，狗出去散步，碰見了一條母狗並和牠成為朋友。在此之前，牠是一條非常優秀的護衛犬，自從認識了那條母狗後，牠每天都要出門，而且總是到下午才回來。

老頭總是上午出門，要到晚上才能回到家裡，所以當他回家的時候總能看到自己的狗。一天，老頭提前回了家，當然了，他沒有見到他的狗。等到了下午，狗才回來，老頭非常憤怒地說：「沒有出息的傢伙，我出門的時候你就出去了，難道你整日都離家在外玩耍嗎？」

狗搖搖尾巴回答：「難道你想讓我和你一樣孤獨終老嗎？當我還是小狗的時候，總是獨自留在家裡。現在，我有了一個女朋友，我不能總是待在家裡了。如果你老了，你或許需要小孫子們陪伴著你，而我不需要。」老頭搖搖頭把狗趕出了家門。

狗卻快樂地說：「再見啦，我辛苦的老先生。」

229

小女孩和鱷魚

（獅子山）

　　一天，鱷魚出門遛彎卻迷路了。牠碰見一位小女孩，便問她走哪一條路能到小河邊。

　　「我不告訴你，因為你會吃了我。」小女孩回答說。

　　「我不會吃了你。如果你不相信我，可以把我的手和腳捆綁起來。」

　　就這樣，小女孩把鱷魚捆綁了起來，並把牠頂在頭頂帶到河邊。當她到了河邊給鱷魚鬆了綁正要轉身離開時，鱷魚卻跳到她的面前。

　　「你想幹什麼啊？」小女孩驚奇地問。

　　「現在我要吃掉你。」鱷魚說。

　　「且慢，讓我去叫兔子先生做個評判，你這忘恩負義之輩。」小女孩要求說。

　　兔子抵達了現場，聽完小女孩的講述後，牠感覺很驚奇。

　　「你很勇敢！可你究竟怎麼把鱷魚運送到河邊的啊？」

「很簡單，我把牠手腳都捆綁了起來。」小女孩回答。

「我不相信！你展示給我看看。」

小女孩找來一條繩子，又一次把鱷魚的四肢捆綁起來。

「然後，你又做了什麼啊？」兔子依舊好奇地問。

「我把牠放在自己的頭上。」小女孩回答說，接著，又一次把鱷魚放在自己的頭上。

「聽我說，你的爸爸媽媽喜歡吃鱷魚肉嗎？」兔子問道。

「他們非常喜歡吃鱷魚肉。」

「很好，你把鱷魚帶回家吧，讓父母做一頓豐盛的美食。因為一些人根本不知道什麼是感恩。」

河裡的魚和孩子們

（幾內亞）

　　從前，有一個女人為了生計總是到田地裡工作。一天，她把熟睡的兒子放在地上就去田裡工作了，不想沒多久，天空下起了瓢潑大雨，雨水帶走了躺在地上的孩子，並且把他沖到一條河裡。

　　女人回到村子裡把發生的事情告訴了她的丈夫。

　　丈夫對她說：「我要自己的兒子。」

　　女人又回到田地附近的小河邊大聲唱道：「哦，大海！我的胸口在痛，請你把我的兒子還給我。大海，請你把我的兒子帶來。」

　　隨後，一條魚把孩子交給了她 —— 孩子變得非常漂亮。當女人接過自己的孩子後，立即跑回村子裡將孩子抱給自己的丈夫看，她的丈夫非常高興。

　　村子裡的另外一個女人知道了這件事情，她就模仿那位女人，在去田地裡幹活時，把自己熟睡的女兒放在地上。大雨之後水流把女孩子帶到了河裡。女人也跑回家裡和自己的丈夫講述了發生的事情。丈夫對她說：「我要我的女兒。」

女人也來到田地附近的河邊，接著，開始唱道：「哦，大海！我的胸口在痛，請你把我的女兒還給我。大海，請你把我的女兒帶來。」

　　後來，魚兒卻給她帶來她女兒的手臂、腿、頭和身子。她帶著這些回到村子裡，丈夫卻對她說：「我要我的女兒，這些不是我的女兒。」後來，他們夫妻為自己的孩子舉行了葬禮。再後來，兩個人離婚了。

呼喊聲

（迦納）

　　一頓豐盛的晚餐之後，月亮已散發出皎潔的光芒。古老非洲的村落裡依舊可以聽到巴圖克鼓和鈴鐺的聲音。一個聲音響起：

　　「我們去聽故事，我們快去聽故事。」那是格里奧[12]的聲音。

　　當聽到這喊叫聲的時候，孩子們便知道已經到了去聽傳奇故事的時間，不止故事，還有舞蹈、音樂，包括傳統民間音樂！也許，今天故事的主角是天神之子阿南西[13]。阿南西可以編製出最美麗的網。他教會迦納人民織就美麗的布匹。曾經，阿南西有一個賢惠的妻子和身體強健的孩子，還有很多的朋友。他陷入過非常混亂的境地，但是他憑藉自己的智慧和幽默躲過了災難。

　　老百姓也都喜歡聽故事，一些故事講述部落的歷史，一些講述部落的戰爭，還有一些是講述日常的生活。這些故事

---

[12] 格里奧：指行吟藝人、野史說唱者。
[13] 阿南西：西非神話中的一個人物。

全部是口頭故事，並沒有文字記載。故事講述人講述著人民自己的故事。

通常，每個村子裡都有一個格里奧，他們講述的故事必須為「原創」，如果一個村子的格里奧盜取另外村子格里奧的故事，便會引發激烈的爭鬥！

雖然格里奧們並不是唯一可以講述故事的人群；但是，格里奧們卻是「官方」唯一授權記錄故事的人。格里奧們在村子裡從來不工作，他們的任務就是記錄自己講述的故事。

一千年後，現在這些勝利和奇遇的故事都將因格里奧們的記錄而傳揚開來。

阿南西

（迦納）

曾經，這世上所有的故事都歸屬我們的天神 —— 尼阿美[14]，所以大地上充滿了悲傷。

一位叫卡酷·阿南西的蜘蛛人想購買尼阿美天神的故事，並把這些故事帶到人間為老百姓們講述；所以，有一天，他編製了一個巨大的銀線網，並且讓牠從天上垂到大地上，而他則順著銀網爬到了天上。

當尼阿美天神聽到阿南西想要購買自己的故事時，他哈哈大笑起來，並對他說：「我的故事價格不菲，你必須給我帶來長著鋒利牙齒的奧賽博豹、像火焰一樣螫人的姆博洛馬蜂、莫阿迪亞的男人們從未見過的仙女，還要給我帶來你自己奶奶的第六個女兒，也就是你的老母親蘭西亞。」

尼阿美想用這樣的方法讓他知難而退，沒想到阿南西卻對他說：「我很高興能為你服務，我也會為你帶來我的老母親，她是我奶奶的第六個女兒。」

天神聽到他的話又笑了，然後，對他說：「喂，你做不

---

[14] 尼阿美：迦納中部阿散蒂人信奉的至高神。

到！你捉不到豹子，就不能來換我的故事。」

　　阿南西並沒有回答，只是從自己織就的銀網下到凡間，去抓捕天神索要的東西。他跑遍所有的草原終於找到一頭長著鋒利牙齒的豹子。

　　「哦，阿南西，你這個時間到這裡正好可以成為我的午餐。」豹子笑著對他說。

　　「我快要成為你的午餐了，可是，在此之前，我們可以先玩一個遊戲嗎？」阿南西勇敢地說。豹子非常喜歡玩遊戲，牠興致勃勃地問：「我們玩什麼遊戲啊？」

　　「我用樹藤把你的腳捆綁起來，然後，我再解開；接著，你再用樹藤把我綁起來，我們來比賽誰用的時間更短。」阿南西說。

　　「非常好！」豹子打算輪到自己捆綁蜘蛛人時就把他吃掉。

　　阿南西用樹藤綁上豹子的前腿，接著又綁上後腿。五花大綁的豹子被懸掛在一棵樹上，阿南西對牠說：

　　「奧賽博，你很快可以見到天神尼阿美啦。」

　　阿南西砍掉一片香蕉葉，用香蕉葉做成一個葫蘆；並把牠掛在腰上。穿過茂密的森林，他來到姆博洛馬蜂的家。趕到那裡時，他先把一片香蕉葉放在頭上，並且把水淋在自己身上，他對馬蜂們說：

「下雨了，下雨了！你們不希望躲進我的葫蘆裡面嗎？這樣你們的翅膀就不會被雨水澆溼了。」

「非常感謝，非常感謝！」馬蜂們嗡嗡地說著陸續飛進了他親手製作的葫蘆裡面，他立即把葫蘆蓋子蓋上。

同樣，蜘蛛人阿南西也把裝馬蜂的葫蘆懸掛在樹上，還對牠們說：

「馬蜂，你們很快也能見到天神尼阿美了。」

隨後，他用木頭雕刻了一個娃娃；然後，在木頭娃娃身上塗抹了一層膠水；接著，他把木偶放在一棵金合歡樹的樹下——因為，仙女們喜歡在那裡跳舞。他又在木偶前面放了一碗烤熟的芋頭，並將樹藤的一端綁在木偶的腦袋上，而他拿著樹藤的另一端偷偷躲藏在樹後，等著仙女們出現。

幾分鐘後，一個仙女來了，這是一個莫阿迪亞的男人從未見過的仙女。她開始翩翩起舞，跳得非常專注。當她靠近金合歡樹時才看到木偶和烤熟的芋頭。

「膠水娃娃，現在我非常飢餓，你能給我一些芋頭嗎？」聽到仙女的問話，阿南西急忙拉動綁著木偶腦袋的樹藤，木偶的頭點了點。仙女十分開心，接著，她吃光了所有的芋頭。隨後，她感謝道：「非常感謝你，膠水娃娃。」

但是，娃娃卻沒有回答，因此，仙女威脅道：「膠水娃娃，如果你不回答我的話，我會打你啊。」

　　木偶繼續對仙女不理不睬，結果仙女真的用手去打塗滿膠水的木偶了。憤怒的仙女又開始威脅道：「膠水娃娃，如果你不回答我的話，我會再打你一巴掌。」

　　木偶依舊沉默，於是又揍了兩巴掌。不僅如此，生氣的仙女還試圖用腳踢木偶娃娃。只幾下後，仙女的雙手和雙腳就被木偶黏住了，動彈不得。這時，阿南西從樹後走出來，把仙女也掛在豹子和馬蜂所在的樹上。接著，他對仙女說：「仙女，你很快便能見到天神尼阿美。」

　　隨後，他去了自己老母親蘭西亞的家裡，他對自己的母親說：「蘭西亞媽媽，你跟我來，我要把你送給天神尼阿美換取他的故事。」

　　接著，他開始編製一張巨大的銀質大網，把豹子、馬蜂和仙女包了起來，然後，將他們送到天上天神的住所。來到天神尼阿美的寶座腳下，他說：「尼阿美天神，你要求用貢品換取你的故事，我已經全部準備好了：長著鋒利牙齒的奧賽博豹、像火焰一樣螫人的姆博洛馬蜂、莫阿迪亞的男人們從來沒有見過的仙女。當然，我也帶來自己奶奶的第六個女兒、我的老母親蘭西亞。」

　　尼阿美天神覺得非常驚奇，接著，他召集自己的大臣說：「小阿南西帶來換取我故事的所有貢品，今天，我把自己的故事都帶到這裡，以後這些故事都屬於阿南西，這些故事

只能由蜘蛛人阿南西本人講述！你把這些故事帶到人間的所有角落吧！」

神奇的阿南西順著自己編織的銀質網回到地面 —— 他給村子裡的老百姓帶回很多的故事。當他打開故事包裹的時候，故事竟從世界的四個角落裡往這裡聚集。

長頸鹿的傳奇故事

（辛巴威）

很久以前，長頸鹿脖子和腿的長度和其他動物差不多。

那個時候，曾經發生過一次可怕的旱災。動物們吃光了所有的綠草，甚至乾草和枯草也被吃光，牠們需要走很遠的路去尋找水源。

一天，長頸鹿遇見了自己的朋友犀牛。天氣非常熱，牠們兩個緩慢地走在路上。當牠們走近水塘時便開始不停地嘆息起來。

「哎呀，我的朋友，你看看那麼多動物都在乾涸的水塘邊挖坑找水……大地太乾旱了，但是，金合歡樹卻依舊長青。」

「嗯嗯！」犀牛說 —— 那時的犀牛不愛說話。

「如果可以吃到高處樹枝上的綠色葉子就好了，但是，我們不能上樹，所以吃不到。」

犀牛看著高處的樹枝，點點頭表示同意。

「也許，我們應該去和巫師說一下，他是一位強大的智

者。」犀牛說。

「好主意啊！你知道巫師的家在哪裡嗎？」長頸鹿問道。

犀牛點點頭表示知道，接著，牠帶著長頸鹿朝巫師家走去。

牠們向巫師解釋了自己的來意。

聽了牠們的來意後，巫師呵呵地笑著說：「太簡單了。明天你們再來我家裡一趟，我會給你們一種魔草。牠可以讓你們的脖子和腿繼續生長。這樣你們便可以吃到金合歡樹上的綠葉啦。」

第二天，只有長頸鹿在指定時間來到了巫師的家裡。

原來，犀牛是個做事拖拉、愛分心的人，牠在來的路上看見一叢青草，一高興便忘記了和巫師的約定。在吃過綠草之後，犀牛想起來自己和巫師的約定，牠飛快地跑到巫師的家中。但巫師早已經把魔草給了長頸鹿了。

長頸鹿獨自吃掉了為牠們兩個準備的魔草。很快，牠感覺到自己的脖子和雙腿飛快地與地面拉開了距離。

「太棒啦！」長頸鹿心想。牠閉上了雙眼，一段時間後，牠慢慢地睜開雙眼 —— 覺得整個世界發生了改變！

雲彩距離自己非常近，牠還可以看到很遠的東西。長頸鹿看著自己的大長腿，扭動著自己的大長脖子開心地笑起來。在牠的面前有一棵翠綠的金合歡樹……

　　長頸鹿走了兩步便吃到人生中第一口樹葉。

　　當長頸鹿開始隨心所欲地吃著金合歡樹的綠葉時，沒有拿到魔草的犀牛正在生氣，牠覺得自己被人欺騙了 —— 牠並不認為這是自己遲到造成的損失。

　　憤怒的犀牛把巫師驅逐出了熱帶草原。

　　有人說從那天起，犀牛看到人類便會大發雷霆，不讓人類出現在自己的視線範圍內。

可樂果

（波札那）

　　在非洲西部，無論是年輕人還是老年人，不管是男人還是女人，所有人都喜歡咀嚼可樂果[15]。尤其是老年人，總是放一兩個或兩三個可樂果在自己的口袋裡。在這裡，牠是一種非常出名的果實。

　　可是，你知道可樂果的由來嗎？

　　從前，有個名叫可樂果的男人決定開墾一片乾淨的土地，並在地裡面種植一些芋頭。他掄起鋤頭努力耕地。距離田地不遠的村子裡，居住著一些天才。他們不願意聽到鋤頭鋤地的聲音，便不耐煩地問道：「誰在那裡鋤地啊？」

　　可樂果回答說：「是我啊！我在這裡清理一片田地，準備種植芋頭。」

　　天才們立刻叫上自己的孩子們去幫助可樂果鋤地。沒到中午，一片地已經平整完畢。可樂果先生滿心歡喜地回到村子裡。

　　後來，可樂果在農田裡打理芋頭時，同樣的事情發生了：

---

[15]　可樂果：原產於非洲熱帶雨林的錦葵科植物。

村子裡的天才們和他們的孩子又前來幫忙。

再後來，當可樂果拿著自己的大砍刀清理芋頭根部的雜草時，天才們又在那裡問道：「誰在那裡鋤地啊？」

「我，可樂果，我在芋頭田除草啊。」

立刻，天才們又帶著孩子們前來幫助可樂果除草。

現在，可樂果只需要等待芋頭成熟的季節到來了。所以在這段時間，他決定到南方和東方去訪問水裡的朋友和森林裡的朋友。走之前，可樂果把自己的鋤頭留給了自己的妻子。

一天，可樂果的妻子把小兒子背在自己身後就出去撿柴火，小孩子卻開始哇哇大哭。為了讓孩子安靜下來，她去田裡挖了一個還沒有長大的小芋頭。

當她挖出小芋頭的時候，村裡的天才們問道：「誰在那裡挖芋頭啊？」

她回答：「是我，可樂果的妻子。我挖一個小芋頭給我哭鬧的孩子吃。」

誰知天才們和他們的孩子立即趕了過來一起挖芋頭。不大一會兒，地上堆滿了個頭很小的芋頭。

可樂果的妻子看到這災難性的場景大哭起來。當可樂果旅行回來之後，她仍然在哭泣。可樂果問道：「你為什麼哭啊？」

　　她說出了原因。生氣的可樂果打了她一巴掌。村子裡的天才們聽著了巴掌聲音，他們問：「誰在那裡打人啊？」

　　「是我，可樂果，在打自己的女人。」

　　很快，天才們和他們的孩子也來幫助可樂果了 —— 他們狠狠地暴打可樂果的妻子，最終，他們殺死了那個女人。

　　可樂果根本不需要近前來檢視妻子，因為她已經沒了呼吸！他開始放聲大哭。正在這時，一隻蚊子飛過來叮在他的手臂上，他伸手去拍打被蚊子叮咬的地方。村子裡的天才們繼續問：「誰在那裡這樣拍打啊？」

　　「是我，我在殺死一隻叮咬我的蚊子。」

　　很快，天才們和他們的孩子過來要幫可樂果拍打他的手臂。

　　可樂果慌忙逃跑了。情急之下，他跳進一位老者的口袋裡。所以，直到現在，在很多老頭們的衣服口袋裡總有一顆可樂果。

女孩、青蛙和酋長

（尼日）

　　從前有一個非洲酋長，他擁有很多妻子，每個妻子都為他生育了一個女兒。一天，酋長的第一個妻子去世了，她的女兒只能和酋長的第二個女人一起生活。可是，這個女人一點也不喜歡那個繼女，用盡各種方法虐待她。

　　小女孩負責照看家裡的小動物，負責去水井邊打水，負責劈柴……總是有做不完的工作等著她。有時，她還要製作麵糊和雜糧給全家人吃。糟糕的是，在女孩子完成一天累人的工作時，她的繼母卻只讓她吃家人剩在盤子裡的焗鍋巴。

　　空閒的時候，女孩會坐在水井邊吃自己找來的食物。剩下的飯菜，她會給住在水井裡的青蛙吃。

　　就這樣日子一天天過去了，直到有一天，隔壁村的一名信使趕來告訴大家即將要舉辦一個非常宏大的節日派對。

　　那天下午，女孩拿著繼母給她的烤焗的鍋巴去餵青蛙，一隻很大的青蛙爬出水井對她說：「女孩，明天有盛大的節日派對，你到這裡來，我們會把你裝扮成美麗的公主。」

　　第二天上午，當小女孩剛站在水井邊時，她的一個姐妹

對她說：「沒用的東西，你給我滾過來！難道你不用去做麵糊飯，不用去搗碎那些糧食，不用去打水，不用到樹林裡撿乾柴嗎？」

　　小女孩只能回去開始勞累的工作。青蛙在水井邊等了她一整天的時間。下午時分，當她的工作全部結束的時候，她趕忙跑到水井邊。那隻大青蛙還在那裡等著她，見她來了便對她說：「哼！我從上午就開始等你，你為什麼才來？」

　　「老朋友，我是一個奴隸。我的母親去世了，我現在搬到我父親的另外一個女人的房子裡居住。她總是讓我不停地幹活，卻只給我他們剩下的食物。」

　　大青蛙說：「小女孩，把你的手給我。」

　　她把手交給青蛙，然後他們一起跳進水井裡。接著，牠把小女孩吞進自己的嘴巴裡，然後，又把她吐出來。

　　牠問其他青蛙：「大家好，你們看看她，然後，告訴我現在的她漂亮不漂亮。」

　　青蛙們紛紛議論，牠們回答說：「她應該變得再漂亮一些。」

　　青蛙又一次把她吞下去，接著又吐出來。牠又問在場的青蛙們：「你們看看她，然後，告訴我她是好還是壞。」

　　「現在的她很漂亮啊！」青蛙們低聲議論。

　　隨後，大青蛙從嘴巴裡吐出衣服、手鐲、戒指和一雙漂

亮的鞋子：一隻銀鞋一隻金鞋。大青蛙對小女孩說：「有了這些東西，你就可以去參加盛大的節日派對了。但是，你必須注意：在舞者們開始散場的時候，你要把一隻金鞋子留在會場，然後，你再回家。」

小女孩穿上漂亮的衣服，戴上美麗的首飾，快速來到派對現場。當酋長的兒子看到她時，他對自己的衛兵說：「這個小女孩給我留下了深刻的印象。我並不介意她的家庭，快把她給我帶過來。」

隨後，酋長兒子的僕人把小女孩帶到他的身邊，他們兩個人坐在一起聊了整整一個晚上。當舞者們開始退場的時候，酋長兒子試圖阻止她離開；但小女孩站起來飛奔了出去，並且把一隻金質的鞋子落在了地板上。

青蛙已經在水井邊等候著她了，很快他們兩個又跳進井裡，就像前幾次一樣，牠把小女孩吞了下去，然後又吐出來。不過幾次下來，她又變回了那個衣衫襤褸的窮女孩。

與此同時，酋長的兒子對自己的父親說：「爸爸，今天我認識了一位穿著一雙金銀鞋的年輕女孩。鞋子一隻是金子製成的，另一隻是銀子製成的。她把那隻金子做成的鞋子落在了這裡，我想和她結婚。」隨後，酋長召集本村和鄰村的所有的年輕女孩、女孩子以及老女孩們，問她們誰有一雙金銀質的鞋子。

同時，酋長命令所有的女孩前來試穿這隻金子製成的鞋子，卻依然沒有找到這隻鞋子的主人。忽然，有一個聲音小聲說：「請你等一分鐘，在水井邊還有一個女孩子。」

大家去水井邊找到了女孩子。就這樣，酋長的兒子看到了自己夢寐以求的漂亮小女孩。他直接朝著她跑過去，幫她穿上鞋子，並把她帶回了自己家。

在她將要離開的前夜，大青蛙召集來所有的青蛙，牠對牠們說：「我的女兒要出嫁了。我想讓每個青蛙都為她準備一件婚禮禮物。」

隨後，每隻青蛙從自己的嘴巴裡吐出一件獻給小女孩的禮物。青蛙們送給女孩的禮物有五色的桌布、地毯、墊子、布匹、鍋碗瓢盆。最後，老青蛙用盡全身的力氣吐出一個銀床、一個銅床和一個鐵床。

第二天，小女孩起床後看到了老朋友大青蛙和一大堆禮物。

她恭敬地跪在牠面前。接著，大青蛙對她說：「這些禮物全部是送給你的。但是，你必須注意：當你的心感覺悲傷的時候，你就躺在銅床上；當你的心感覺安靜的時候，你可以躺在鐵質的床上；當酋長的兒子前來探望你的時候，你要躺在銀床上。當你丈夫家的女人前來問候你的時候，你要給她們兩盒核桃和一萬塊錢，讓她們去買花，再給她們一袋玉米

粉去做玉米糊糊粥。但是，如果你父親的女人和她的女兒問你居住在酋長房子裡的情形時，你必須對她說：我住在酋長的房子裡過得非常艱難，因為，他們給我的都是難以下嚥的硬麵包。」

一天，繼母和自己的女兒前來探望小女孩，並詢問她的生活狀況。她記得青蛙的建議，回答說：「哦！太困難了。他們給我一些難以下嚥、很硬的玉米麵包。酋長的女人前來向我問候時，我會用蔑視的態度，用『呸！』來回答她們。當她們對我嗤之以鼻的時候，我也會向她們示威。當我的丈夫回家的時候，我就會對他大喊大叫。」

知道了這些，繼母便把自己的女兒留在那個房子裡，命令小女孩和她回到自己家裡去。

第二天上午，當酋長的女人們前來問候她時，繼母的女兒大聲衝她們說：「呸！」還啐口水。酋長兒子來到的時候，她對著他大喊大叫。

酋長的兒子覺得非常蹊蹺。他走出那間房子，召集家中的女人問道：「大家注意！我叫你們過來是想問一個問題：我的新妻子對你們怎麼樣？」

她們抱怨說：「以前，我們問候她時，她會給我們兩盒核桃和一萬塊買花的錢。後來，她給我們每個人一盒核桃和五千塊錢，外加一袋子做玉米糊糊粥的玉米粉。現在，她卻

開始用『呸』字相迎，還對我們啐口水。」

「是啊！以前，她看到我的時候總是跪在地上，接著會躺在銀質的床上。現在，她卻總是對我大喊大叫。我覺得有人在冒名頂替我的妻子。」酋長的兒子說。

隨後，他召集士兵一起走進小女孩的房間，把濫竽充數的女人砍成碎片。

後來，士兵們來到小女孩繼母的家裡，才找到可憐的小女孩並把她送回到自己丈夫的身邊。

後來，她給自己的丈夫講述了青蛙幫助自己的故事，並請求他給住在她家附近的大青蛙和其他青蛙們建造一口大水井，可以讓大大小小的青蛙居住在裡面……

公主的婚禮

（迦納）

漂亮總是與安蓓娜公主結伴而行 —— 所有美麗動人的特徵都集中在她身上：細長的脖子、圓潤的臉龐和豐滿的胸部。

安蓓娜的父王總是笑著面對自己和世界。每次見到女兒他都要欣賞一番。所以，他認為女兒到適婚年齡時一定會不愁嫁。幾年之後，安蓓娜公主變得更加漂亮，美麗的裝扮也為她增添了更多的韻味。她穿著美麗的五顏六色的絲綢服裝，戴著項鍊和耳環，雍容華貴。

安蓓娜的美麗被人們到處傳頌，以至傳遍整個非洲大地。後來又透過大海傳到天上，住在很遠地方的男人們也不遠萬里趕到她居住的地方想親眼看看公主的芳容。

第一批想迎娶公主的男人是火和雨水。雨水來的時候有些躲躲藏藏，他拿著兩匹用純絲綢製成的肯特布 [16] 獻給美麗的公主殿下。

安蓓娜心裡非常高興，她高興地接見了自己的第一個追求者 —— 全身溼噠噠，身體有一種絲滑的感覺，說話的聲

---

[16] 肯特布：流行於迦納的一種布匹。在古代，這種布只供國王使用。

音像是流水在唱歌……忽然，動人的詩歌在她的耳邊響起：美麗的你像小鳥一樣溫柔地散步，你可以把水帶回自己的巢穴……

「美麗的安蓓娜，期待你的消息。期待你能來到布吉納法索的大草原，祈禱你能到幾內亞灣。在象牙海岸的森林裡，你再也找尋不到像我雨水一樣強大的男人。是我讓植物們生長，是我為大家提供成倍的青草，是我讓莊稼豐收在望。人們都在感謝我。在河裡和透明的湖泊裡生活著無數的魚兒，你可以在湖裡游泳、釣魚。」

雨水的話就像一段段美麗的音符飄進了安蓓娜的耳朵裡，她孤獨的心從未像現在這樣清新，隨後，她答應了雨水的求婚。她讓雨水明天再來一次，在這之前她將把所有的細節告訴自己的國王父親。

在安蓓娜同意嫁給雨水先生的同時，國王也答應把女兒嫁給火先生。這第二位求愛者也想牽手美麗的公主。火向國王進獻了很多華麗的衣服，布料非常細膩，他對國王說：

「我的國王，眾所周知，從布吉納法索的草原上到幾內亞灣的沙灘上，甚至是在多哥的植物園以及象牙海岸的大森林裡，沒有任何人可以強過我火。我可以驅逐危險的動物，可以做飯燒菜，可以照亮無盡的黑夜，在寒冷的季節還可以溫暖人們的身體。你想想，誰能給你漂亮的女兒提供這些條件

呢？你把她嫁給我吧！」

國王對這求愛者的印象非常深刻，況且按照規矩，嫁女兒時可以得到很多的可可果，於是，他答應了火的請求。說他會告知自己的女兒，並且讓火第二天回到這裡商談具體的細節。

隨後，國王喚來自己的女兒，並告知他的決定：

「我為你找到一位如意郎君！」

「爸爸，怎麼回事啊？」

「我已經承諾火先生把你嫁給他！」

「你讓我和火結婚？！可是，我已經同意嫁給雨水先生啦！」

事情變得非常混亂！國王非常地擔心，他試圖找出解決方法 —— 因為公主也並不想違背自己的心。

「我們不能違背自己的承諾啊！否則以後我該如何面對我的子民？！也許，只有用這樣的辦法啦！」國王堅定地說。

第二天上午，天空並不是很晴朗，當太陽從地平線上升起時，火和雨水來到了國王的土地上。不大一會兒，他們兩個來到宮殿拜見國王。但是，他們兩個並不知道對方的想法。國王看到他們到來立即起身迎接，並且告訴他們已經敲定了自己女兒出嫁的日期。

「我和她的婚禮日期嗎？」火和雨水同時問道！這時，他

們兩個才意識到其中的問題。但是，國王卻急忙說：

「安蓓娜公主只會嫁給勝利者，所以，婚禮當天我們為你們準備了一個跑步比賽！」

即將舉行比賽的消息像小雨一樣迅速傳播開，又像火蛇一樣引來迅疾而熱烈的討論。在整個西部非洲，人人都在猜測公主將牽手哪位英雄。一些人認為火會取勝，另一些人則認為雨水會獲得命運的垂青。

只有安蓓娜公主殿下預想到比賽的結果。因為，她只想嫁給自己心中的如意郎君雨水。她不願意做出違背自己心的事情。

但是，這個祕密她不能和任何人分享。她怎麼能對抗自己父王的命令呢？如果她受到傷害，會讓她變得悲傷，悲傷也會慢慢地摧毀她的美麗。

出嫁的日子到了。那是一個歡樂的日子，整個村子都因為比賽和婚禮而裝飾一新。大家都在等待最終的比賽結果。

國王發出命令，雨水和火開始努力奔跑。每一面覆蓋著黑羚羊皮的手鼓都在不停地震動，喇叭和小號也向空中發出自己的聲音，牠們在鼓舞、催促著比賽中的選手。所有的地方好像都在歌唱：

我想聽你敲鼓，
我想感覺到你舞動的腳步。

我想聽你打鼓，

我想感覺到你跳動的腳步……

火即將要獲得勝利了，因為一股風幫助了火，使他的火焰變大數倍，所以奔跑的速度更加快了。雨水已經筋疲力盡，當他想噴射出更多水珠的時候，他的身體變得更加沉重，而且很多水滴落在地上立即就消失了。火焰領先了，他把很多的灰燼留在自己身後，灼熱的灰燼炙烤著大地，他幾乎快要成為勝利者了……

但是，在他快要抵達終點的時候，劇烈的雷鳴聲從海灣邊傳到大山的腳下，聲音持續在空中迴盪。隨後，一場極其罕見的大暴雨傾盆而下。雨簾就像瘋狂地奔跑在大草原上的大象一樣，沒有人可以看清楚牠的長鼻子。一時間好似世界上全部的雨水，快速、閃亮地砸落在樹葉上，啃咬著石頭，捶打著地面。

火無畏地往前奔跑，他距離比賽終點只剩下幾米的距離了。但最終，雨水成為了比賽的冠軍！

最幸福的人莫過於安蓓娜公主了，她從未感覺到如此的幸福。她展開雙臂緊緊地抱住天上的雨水，此時此刻，她感到了從未有過的快樂。她的整個身體都在回憶雨水的勝利，雙眼也在回憶勝利的喜悅。大家盡情地舞蹈，手鼓的節奏越來越響，那節奏持續了整整一個晚上。

從那天起，火和水成為不共戴天的仇人。但直到現在，人們仍然保持著那傳統：每次天空中下起大雨時，人們都會停下腳步在雨水中盡情地舞蹈 —— 所有人都仍然記得安蓓娜公主的婚禮。

小夥子雅布拉尼和獅子

（史瓦濟蘭）

　　曾經天空中有很多月亮，那時，人類可以和動物們溝通。一個名叫雅布拉尼的勇敢的小夥子居住在一個屹立著大山和森林的非洲國度裡。

　　在他們的語言中，雅布拉尼的意思是「帶來幸福的人」。當他來到世界上的時候，他的父母感到無比幸福。他出生在一月分一個炎熱的上午，他的到來給大家帶來很多愛。

　　小時候，雅布拉尼便特別喜歡幫助他人。因為，當他幫助別人的時候自己也會感到幸福。他擁有一個超能力：可以幫助他人平復內心的痛苦，甚至，讓人感到幸福 —— 雅布拉尼可以讓大家變得幸福快樂。他的爺爺說，小夥子擁有無比強大的能力，一種只有人類懂得使用的能力。

　　在一個陽光明媚的日子裡，雅布拉尼高興地走在森林裡。當他穿過一片空地的時候，聽到一個非常悲傷的聲音請求說：

　　「救命啊！有人可以幫助我嗎？請幫幫我啊……我需要離開這裡！」

小夥子開始循著聲音尋找，於是，他發現一個陷阱——獵人在荒草地中間設下的陷阱。究竟是誰掉進了陷阱裡呢？小夥子探頭一看，原來是頭憤怒的大獅子。

　　「獅子先生，我叫雅布拉尼。」他急忙向獅子進行自我介紹，「你怎麼會掉進陷阱裡呢？」

　　「哦，你覺得誰願意掉進這個可悲的地方啊？！」獅子喘著粗氣，繼續說，「小夥子，我已經被困在陷阱裡一整天了。現在我又渴又餓，請你幫助我離開這裡。」獅子說話的時候，臉上露出一副可憐相。

　　雅布拉尼非常喜歡幫助人，但是，他並不愚蠢。他知道應該特別小心，如果獅子從陷阱裡面跳出來一定會攻擊自己，並且用牠鋒利的牙齒吃掉自己。

　　「獅子先生，我了解您的困境；但是，誰能保證你從陷阱裡出來後不會吃掉我呢？」

　　「親愛的小夥子，我不會做出忘恩負義的事情！我怎麼能攻擊自己的救命恩人呢？你說對嗎？我向你承諾，絕對不會做出你所說的事情。」

　　雅布拉尼想啊，想啊，他決定相信獅子的話。他認為獅子會信守承諾！

　　「好，好吧！我相信先生你的承諾。」隨後，雅布拉尼來到陷阱邊，放下一條繫著死扣的繩子把獅子救了出來。

　　獅子爬出陷阱，大口喘著粗氣，然後活動著自己的四肢——牠在那狹小的陷阱裡停留了太長的時間，所以四肢已經開始變得僵硬。活動完身體之後，牠慢慢地轉過身，眼睛深情地看著小夥子。

　　「雅布拉尼，在我吃掉你之前需要到河邊喝點清水！」

　　雅布拉尼不敢相信獅子說出的話，他覺得自己的耳朵聽錯了。

　　「獅子先生，你在開玩笑嗎？怎麼能這樣做啊？」小夥子臉上帶著微笑，語調裡卻透著一股恐懼。

　　獅子非常嚴肅地看著他說：「不行也要行。現在，你跟我一造成河邊喝水，然後我會吃掉你。現在的我非常飢餓。」

　　「可是，你曾向我承諾不會做出傷害我的事情！獅子先生，你曾向我承諾過。」雅布拉尼大聲說。

　　獅子撫摸著他的頭回答說：「是啊，我向你承諾過，你說得有道理。但是，承諾在飢餓和絕望面前已經變得不重要。所以，我覺得吃掉你很公平！」

　　內心十分恐懼的雅布拉尼鼓起勇氣大聲地從心中喊出一句響亮的話：「不公平，不公平！先生，是我幫助你逃出陷阱！你怎麼能傷害幫過你的恩人？現在，我們去森林裡問問動物們的意見，牠們知道誰有道理。」

　　獅子非常飢餓，但是，牠也不想失去公平，也不想讓這

成為牠失敗的回憶。所以，牠也想聽聽動物們的意見。

「好吧！如果牠們認為我的決定是錯誤的，我就會讓你離開。不過，我們必須快點，我的肚子已經在不停地咕嚕了。」

等獅子飲完水後，雅布拉尼和獅子碰見了一頭又老又瘦的毛驢，牠正在那裡啃食乾草。

「驢子先生，下午好！有一件事我想請你給出自己的意見，牠關乎到我的生和死。」

「好的，小夥子，你跟我說說吧！」

接著，小夥子把事情的經過告訴了毛驢：他遇到並拯救了獅子，可獲救後的獅子要違背諾言吃掉他。

「先生，你覺得這樣公平嗎？」

驢子陷入沉默，思考了一會兒，驢子清清嗓子說：「我覺得公平，獅子吃掉你非常公平。因為，獅子先生和你們人類一樣，在飢餓難耐的時候，不會考慮兩次便會殺死曾經幫助過你們的動物。」驢子說這話的時候，眼睛裡流露出憤怒和悲傷。接著，牠又說：「你看看我的生活，我一生都在為人勞動。

我曾經沒日沒夜地搬運他們需要的東西；但是，現在我老了，他們便開始虐待我，把我拋棄在森林裡，讓我餓死。你覺得這樣公平嗎？」

雅布拉尼低下頭，小聲說出「不公平」三個字。他覺得驢

子這樣說也很不公平，卻又找不到反駁驢子的話。難道，因為人類的過錯他要葬送掉自己的性命嗎？

獅子轉過身對雅布拉尼說：「你看到了，驢子認為我有道理。現在我就來結束這一切。」說著，獅子準備抬起爪子攻擊小夥子。

「我們應該再找一些動物，驢子只是牠們其中的『一個』。現在，我們去詢問其他動物的意見。」

獅子有些惱火，低聲咒罵了幾句，但還是同意了他的意見，小夥子這才算是鬆了一口氣。

後來，他們看到一頭正在吃草的奶牛，雅布拉尼和獅子向牠問好。隨後，小夥子把獅子掉入陷阱被自己救上來，卻又要吃掉自己的經過講述一遍。母牛哞哞地大聲說：

「人類是非常自私的動物，你們總是想著自己。對我來說，你們都是一樣的！我們把自己最好的牛奶提供給你們，還要拉著犁在田地裡為你們耕種。當我們老了，看看你們又做些什麼事情？你們把我們殺掉，吃我們的肉，還要用我們的皮製作衣服。所以，我認為獅子吃掉你是正確的。任何動物在飢餓的情況下吃東西都是公平的。你們人類對我們動物也做出過這樣的事情。」

不死心的雅布拉尼又向一頭鹿、兩隻小鳥、一隻鬣狗和三隻兔子講述事情的原委。結果牠們一致同意獅子吃掉小夥

子，因為牠們都認為獅子吃掉小夥子很公平！

　　絕望的雅布拉尼心想：「我要死了，回不到我的家裡了，再也見不到我的父親、母親、兄弟姐妹和我的朋友們……我再也回不去了！」

　　當獅子走到小夥子身邊不停地嗅味道時，一隻小豺出現在他們面前。

　　「獅子先生，讓我再問問牠吧，牠是我們最後一個見證人。」

　　「好吧，牠可是最後一個證人了。我不能再繼續餓肚子了。」獅子說。

　　雅布拉尼來到豺的身邊，向牠講訴全部的故事。豺傻傻地對獅子和小夥子說：

　　「我不是很明白。你們想要我給出意見，可是我需要看清楚曾經發生的事情。請你們帶我到陷阱附近看看！」

　　就這樣，雅布拉尼和獅子帶著豺來到陷阱旁邊。小豺看著陷阱搖搖頭說：「我不知道，也不明白獅子是怎麼掉進陷阱裡的。這個陷阱看起來那麼小，而獅子的體型又那麼大。」

　　飢餓和疲憊讓獅子沒有時間考慮：

　　「好吧，好吧，我來演示一下。現在我就跳進陷阱裡，讓你看看我在陷阱裡的樣子。」說完這話，獅子縱身一躍跳進陷阱裡。

　　小夥子抱著沉重的心情看了一眼陷阱裡的獅子，迅速地把陷阱的蓋蓋上了。慌亂的獅子不明白究竟發生了什麼事。而豺，像幽靈一樣消失在森林的灌木叢裡。

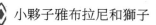 

分散居住的猴子

（中非）

　　很久以前，猴子們同屬一個部落，牠們一起居住在一個缺少食物的荒漠中。為了活下去，很多猴子開始到遠處的農田裡偷取食物；但是，時間一長，農場主們都加強了對莊稼的守護。因此，猴子們想到一個一勞永逸的辦法：「找一隻漂亮的母猴子割掉牠的尾巴，然後，我們把牠裝扮成一個楚楚動人的女人，讓牠和農場主結婚，這樣我們就有了農田，大家就都可以到那裡去吃東西了。」

　　牠們說服了一隻母猴子，割掉了牠的尾巴，並把牠裝扮成一個漂亮女人的樣子。果然，一個男人動了心，並和牠結了婚，還為她開墾了一片很大的田地。男人想為牠耕種土地，但是，牠卻說自己可以完成種植的工作。

　　當母猴子種植莊稼時會哼唱起歌曲：

猴子，猴子，

女人，女人，

快來播種玉米。

　　猴子們聽到母猴子的歌聲，便都會趕來。母猴子希望牠

們能和牠一起播種玉米。但糟糕的是，牠們根本不會種植玉米。猴子們抵達之後，只是去吃母猴子的食物。看到這一切，母猴子的丈夫拿起獵槍開始驅趕牠們。

等到了豐收的那天，丈夫和母猴子把玉米都拉回了家裡。猴子們非常氣憤，牠們決定用膠水把尾巴給母猴子黏回去。牠們帶著尾巴，一邊走一邊唱歌：

我們快點走，

把尾巴交給那位女士。

當村子裡的人聽到這首歌曲的時候，都感覺非常驚訝。猴子們唱著歌曲找到坐在地上的母猴子，牠們給牠重新黏上尾巴。後來，母猴子慢慢地又變回猴子樣，就像以前一樣。

村子裡到處都是猴子，回過神來的人們拿出弓箭和獵槍，猴子們急忙散開。兩三個朝著這個方向，三四個朝著那個方向奔逃，牠們從此再也不聚集在一起了。所以，無論今天你到哪個地方都會看到猴子。

懷孕的小男孩

（南非）

很久以前，有一對科薩[17]男女，他們非常相愛，在一個初春的季節，兩個人結婚了。村民們為他們準備了一個五彩斑斕的婚禮派對。

結婚幾年後，小夫妻想要一兒半女；但是，希望中的孩子卻遲遲沒有降臨。所以，他們決定去尋找一位居住在森林裡的桑戈馬[18]幫助他們。年長的智者桑戈馬，懂得如何使用大地上的草藥治療人類身體和精神的疾病。

「桑戈馬，你能幫助我們擁有一個孩子嗎？」

「當然，我可以幫助你們，但是，你們必須按照我說的方法去做。」

小夫妻立即同意了，他們全神貫注地聽著智者的講解。

「我交給你們四棵神聖植物的根。回到家裡時，把四棵植物分別種植在兩座大山上。第一座大山應該是熱似火爐，第二座大山則必須有充沛的雨水。做妻子的應該先把兩棵植物

---

[17] 科薩：南非民族之一。
[18] 桑戈馬：懂得使用草藥的人。

種植在熱似火爐的大山上；等到第二天，她再把另外兩棵植物種植在充滿水珠的山上。」

接著，智者把四棵植物的根放在方形的毛巾裡包裹好，他又說：「作為交換，你們的孩子出生之後你們倆要送給我一頭牛。」

夫妻二人同意了他的要求並致謝後，他們起程返回自己的村子。

當他們抵達村子後，妻子嚴格按照桑戈馬的要求把四棵植物分別種植在兩座山上……再後來，妻子懷孕了。九個月後，一個大眼睛的漂亮小男孩呱呱落地。夫妻二人看見孩子心裡非常高興，把送一頭牛做賀禮的承諾忘得一乾二淨。

小男孩慢慢地長大了。當他成長到少年的時候，他的父母決定再要一個孩子，所以，他們夫妻又來到住在森林裡的桑戈馬家裡，並且向他求取神聖植物的根。

「現在，你們又前來問我索要草根，可是，你們還沒有把許諾給我的牛獻給我。你們得到自己的孩子後，卻沒有履行自己的諾言。」

夫妻二人覺得非常不好意思，請求智者原諒自己。他們責怪自己，怎麼竟忘記諾言了呢？

「在人們得到我的幫助後，總是會忘記許諾給我的東西。」智者大聲說。

　　夫妻二人再一次道歉，他們神情沮喪地走出桑戈馬的家門，準備朝著自己家的方向走去。

　　「你們等一下！既然你們已經意識到了自己的錯誤，那麼只要你們把之前欠我的牛給我，我便會為你們準備神聖的植物草根。」

　　夫妻二人道謝之後，回到自己的村子。到家之後他們立即請求自己的一個朋友把牛給桑戈馬送了過去。朋友也帶口信回來，讓他們夫妻在第二天到桑戈馬家領取草根。

　　「明天在村子裡我們有一個約定，我們不能食言啦。」丈夫擔心地說。

　　「如果，讓我們的兒子前去取草根呢？他已經十二歲啦，走到那裡並不困難啊。」

　　丈夫同意了自己妻子的意見。接著，他們把孩子叫過來：「你能到桑戈馬家裡取回草根嗎？」

　　「當然可以，爸爸！我已經不是孩子了，可以獨自前去，也可以快速安全地回來！」小夥子高興地說。

　　就這樣，小夥子朝著桑戈馬的家出發了。到達那裡後，他向老智者解釋，是他的父母讓他來取東西的。桑戈馬把四棵神聖植物的根用一塊毛巾包裹起來遞給他，並要求小夥子轉告他的父親在做事的時候必須特別小心。

　　「你不用擔心，我一定一字不漏轉告！」小夥子感謝了桑

戈馬後便往家走去。

當他走在路上的時候，他按捺不住好奇心，打開了包裹著植物草根的毛巾，並且看到了那四棵草根。

「我覺得吃一塊樹根沒有問題啊！」

他咬了一口第一棵植物的草根，感覺汁多味甜，所以，又吃了一小塊。接著，他吃完一塊又一塊。就這樣，他吃完了兩棵植物的草根。隨後，他又開始吃另外兩個草根，可是，這兩個植物的根卻非常苦澀，他把咬在嘴裡的草根吐在地上。

他心中明白自己做了錯事。

「現在只剩下兩個植物的根！如果爸媽問起了這件事，我該怎麼回答呢？」

小夥子害怕父母責怪他，所以他決定不對爸媽講實情。

「這兩個根足以讓我的母親懷孕。」小夥子心想。

隨後，小夥子回到家裡，將毛巾中包裹的植物交給母親。

「真奇怪！以前，都是給四棵草根，現在為什麼是兩棵呢？……桑戈馬讓你轉達我什麼消息嗎？」

「沒有，桑戈馬什麼都沒有對我說。只是說你應該把其中一個草根在火上燒烤，然後，在口中咀嚼。另外一個草根放在水瓶裡，在第二天的時候，你可以飲用瓶子裡的水。」

　　母親和父親沒有懷疑，他們按照自己兒子傳達的方式去做。就這樣幾個月過去了，母親卻並沒有任何懷孕的跡象。

　　另一邊，吃了植物根的小夥子卻懷孕了 —— 他的身體發胖，胸部也開始生長變大。肚子也越來越大，肚子在生長的時候他覺得很痛苦，好像有什麼東西居住在他的肚子裡。在第四個月的時候，村裡人開始議論紛紛。

　　「我覺得自己懷孕了。」他神情絕望地自言自語，「現在，我能做什麼呢？要和自己的父母說嗎？和自己的朋友說嗎？他們一定會嘲笑我！」

　　他覺得很難堪，他沒有向任何人講述自己懷孕的事情 —— 在父母面前撒了謊，這讓他覺得難為情。但他的家人看到他的樣子卻從未懷疑過；因為，很多孩子進入少年時期都會變得很瘦或者很胖。

　　一天，當他幫父親放牛的時候，忽然覺得腹部疼痛難忍，同時，肚子也在不停地顫動。

　　「我的孩子，你還好嗎？」父親問道。

　　「爸爸，我想回家休息一會兒。我覺得自己的頭和肚子非常痛。」小夥子說。

　　「你回去讓你母親給沏壺熱茶，她知道該怎麼治療你的病。」父親說。

　　小夥子離開了，但是卻並沒有回家。他來到森林裡挖了

一個小坑，在坑裡鋪上樹葉並躺在上面 —— 他給自己鋪設了一個窩。很快，他的肚子開始劇烈疼痛起來，並高高地隆起。突然，一個孩子的哭聲打破了森林裡的安靜 —— 一個胖乎乎的漂亮小女孩出生了！

「現在我怎麼照顧你呢？你真的是我的孩子嗎？我該怎麼辦呢？」小夥子絕望地說。

女嬰開始大聲哭泣，並沒有停止的意思。小夥子發現自己的胸部開始泌乳，於是他為飢餓的嬰兒哺乳。吃飽之後，嬰兒開始睡覺了。

小夥子奔跑著回到家裡，他擔心父母四處找他。當他回到家中的時候，他的父親正要出門找他：

「你去哪裡啦？讓我們都非常擔心啊！」

小夥子撒謊說自己在大樹下休息了片刻，並且在樹下睡著了。

「現在你還覺得頭和肚子痛嗎？」母親擔心地說。

「已經不痛了，可能是因為昨天我吃了一個沒有成熟的水果。」小夥子回答說。

大家坐在一起吃飯，小夥子的肚子像無底洞一樣吃不飽。父母覺得非常驚訝，但是，他們又覺得少年時期的孩子都這樣，生長髮育得很快。

晚上，當大家沉睡的時候，小夥子偷偷起床跑到森林

裡。他前去照看自己的嬰兒。那時她正在大聲地哭泣，當他給女嬰喂完奶，女嬰便停止了哭泣，然後甜甜地進入了夢鄉。

小夥子看著女嬰心想：「她真的很漂亮。」他第一次覺得她就是自己的女兒。他把孩子抱在自己的胸膛上睡覺。一大早，在母親叫他起床之前，他又回到家裡躺在了床上。

以前，他一整天都和父親一起照顧家裡的牛群，現在他總是尋找藉口快速跑到森林裡照顧女嬰。夜晚，當他的父母睡著以後，他又悄悄地回到森林裡。

三天之後，母親開始對自己的兒子產生懷疑。那天晚上，她假裝上床去休息，實際上卻在偷偷地監視自己孩子的一舉一動。當他朝著森林裡跑去的時候，母親悄悄地跟在他身後。然後，她看到了令她難以置信的畫面：自己的兒子竟然在給一個女嬰哺乳。母親一直看著，在天亮之前她回到了家裡。

第二天，小夥子和父親出去放牛了，母親來到森林裡抱走了女嬰。她把孩子帶回家裡給她洗澡，給她餵奶，還和她玩耍。與此同時，小夥子再一次找藉口跑到森林裡準備哺育他的女嬰。當他看到嬰兒並不在巢穴裡時感到一陣絕望。

他找遍大森林，並祈求上天和祖先能夠幫助他找到自己的女嬰。他不停地流淚，好像他的心被另一個靈魂偷走了：

「我的女嬰在哪裡？」

失去女嬰讓他覺得生命中沒有值得留戀的了。他心想：「也許，女嬰被森林裡的動物吃掉了？我不應該把女嬰獨自留在這裡……」

就這樣，夜晚來了；就這樣，夜晚又離去了。太陽的到來意味著新一天的開始。可他的心依舊混亂，他在灌木叢裡找尋嬰兒；除此以外他不知道還能做什麼，他也不覺得飢餓和口渴。

第二天，他拖著疲憊的身體回到家裡，決定把所有的事情告訴自己的父母。當他回到家裡時，看到母親抱著一個女嬰。

「媽媽，家裡怎麼有一個嬰兒？」女嬰快要哭泣的時候，小夥子問道，「我能抱抱她嗎？她真的很漂亮！」

母親沉默了一段時間。

「我的兒子，從現在起，她就是你的妹妹、我的女兒。她再也不是你的孩子了。」母親和藹地看著自己的兒子，「這個女孩是透過你的肚子來到我生命裡的 —— 就像其他孩子是從女人的肚子裡來到這個世界上一樣。」

小夥子同意了，並高興地哭起來。

「對不起，媽媽。對不起，爸爸。我沒有向你們講實話。真的非常抱歉！」

父親感受到兒子的痛苦，他說道：

「我的兒子，我們知道你對所發生的事情感到慚愧。以後，千萬不能再欺騙我們，這些謊話不屬於你的生活。」

從那天起，小夥子非常高興地照顧家裡的牛群。他已經不能再繼續哺育女嬰了，但是，他會給自己的妹妹擠牛奶喝。妹妹長得越來越漂亮聰明，大家看到她也都非常高興。

後來，小夥子長成一位非常聰明、獨具魅力的男人，他不僅懂得生活還懂得如何照顧自己的妹妹。

離別的時刻

（幾內亞比索）

月亮媽媽知道人們不想死亡。他們希望像月亮一樣永遠活著，用她萬能的力量照耀著整個天空。在一個晴朗的夜空，月亮媽媽喚來一隻蜥蜴，讓牠去往大地，告訴男人、女人、男孩、女孩，從那天起，大家都會從睡夢中醒來，直到時間的盡頭。

「月亮媽媽，你放心吧！現在，我會去通知全世界的人類。你可以放心，你讓我傳遞的消息很快便會傳遍整個世界。」蜥蜴說。

蜥蜴上路了，但經過帥哥和花花公子旁邊時，牠總是停下腳步觀看有趣的事情，還會和一邊的人聊天。有時候，牠不再專注於自己的任務。在路途中，牠看到一棵長滿水果的大樹，便爬上去大口品嚐美味的水果，直到牠的肚子鼓起來。蜥蜴吃飽後心想：「在我繼續長途旅行之前，可以躺下休息一會兒。」接著，牠爬下樹開始休息。

蜈蚣是死亡的代表，每次牠出現的時候便會出現死亡。牠知道月亮媽媽想為人類傳遞消息，心急如焚的牠叫來一隻

貓鼬。小型動物貓鼬十分敏捷、聰明。蜈蚣對貓鼬說道：「你趕快到人間告訴所有人：男人們和女人們、男孩們和女孩們，當他們死亡的時候，就不能再次獲得生命。他們必須永遠地離開人世！」

貓鼬很快抵達大地，通知所有的人類，他們將會永遠死去。一段時間之後，蜥蜴帶著月亮媽媽的消息姍姍來遲，但是，為時已晚 —— 人們都處於悲傷之中。

月亮媽媽知道現實狀況後，對蜥蜴大發雷霆之怒：「你到底幹什麼去了？」

但是最後，她卻嘆息道：「現在，我已經不能改變人類的命運了。蜈蚣的消息第一個抵達了人間。」

月亮媽媽又對人類說：「但是，你們應該比任何時候都要相互尊重和友愛 —— 每個人、每隻動物、每個生命，甚至塵世間的每一粒塵土。因為，我們大家都是一家人。世界上萬物生命都緊密地連線在一起。」最後，月亮媽媽露出開心的微笑說：「到那時候，你們就可以離開大地，永遠居住在自己的希望裡。當博愛滋養一切時，生命便可以繼續永存，在這個大地上本應存在生命和死亡。和平可以填滿所有人的心靈。隨後，大家回去睡覺，因為，第二天永遠都是新的一天。」

狼、小狼和甘卡孀子

（維德角）

從前，有一隻狼和一隻小狼已經很長時間沒有見過面了。

每天，狼都到大海裡捕捉螃蟹、龍蝦做食物。

一天，狼遠遠地看見了小狼，小狼長胖了。狼坐在一塊石頭上，雙手交叉顯得有些小悲傷……當小狼崽走到牠身邊時覺察到牠很悲傷，便問道：「叔叔，你為什麼悲傷啊？」

狼回答說：「我不能再用牙籤剔牙了，牠扎在了我的嘴裡。」

「我的叔叔，現在我可以幫你把你嘴巴裡的牙籤拿掉，但你是一個聰明人……如果我把指頭放進你的嘴巴裡，你就會咬我吧？」

狼說：「小狼，我不會那麼做。因為我的牙齒很痛，嘴巴裡放什麼東西也不能用力地咀嚼。即使你讓我咬你，我也做不到。」

「狼叔叔，那你張開嘴巴，我把你嘴巴裡的牙籤拔出來。」

　　小狼崽把自己的手指剛伸進狼叔叔的嘴巴裡，狼猛地咬住牠的手指。小狼崽大聲叫起來：「啊啊啊！……我的叔叔，你說話不算數……怎麼能咬我的手指？」

　　「我怎麼說話不算數啊？」狼問道。牠接著說：「事情是這樣啊……告訴我，你是怎麼尋找食物呢？現在你的身體很胖，我的身體卻是骨瘦如柴啊！」

　　「我的狼叔叔，這是因為我吃了母雞甘卡孀子的雞蛋！」

　　「好啊，你可以告訴我時間，大家一起去啊。」

　　「去那裡必須是在清晨，明天清晨我來叫你啊！」小狼崽說。

　　聽到這裡，狼鬆開了嘴巴；但是，牠要求小狼留在自己身邊。下午，他們一起走進圓形的茅草屋睡覺，而不是留在開闊的地方。

　　深夜，狼叔叔說：「小狼崽，我們一起出發吧！走吧！」

　　小狼崽說：「叔叔，現在時間太早啦！我們要到清晨出發，那時，甘卡孀子出門採購去了。如果我們提前出發被牠發現了，我們便吃不到雞蛋啦。」

　　「好吧，小狼崽，我們等一下！」

　　過了一會兒，狼又來催促小狼出發。

　　小狼想再等一會兒，狼叔叔卻堅持說：

「小狼崽，我們出發吧！走啦，走啦……」

「叔叔，我們再睡一會兒……現在時間還早。我們等到天蒙蒙亮……公雞打鳴的時候再走！」

聽見小狼這樣說，狼走出屋子來到房後停留了一會兒後，雙手拍打著胸口叫著：「咯咯噠，咯咯噠！」牠又來到小狼身邊說，「小狼崽，公雞已經打鳴了，現在我們出發吧！」

小狼崽心中充滿了懷疑：「我的叔叔，你在模仿公雞打鳴嗎？我們還是等真正的公雞打了鳴再出發。那時，天亮了，大海的天空也變得明亮。」

過了一會兒，狼把手放進口袋裡從裡面拿出一盒火柴，牠劃著火柴，點燃了圓形的茅草屋。接著，牠轉身對小狼崽說：「狼崽子，你快起床，我們出發了！太陽已經升起來了，你看天多亮啊！」

小狼從床上跳起來，跑到路上才說：「我的叔叔，為了你的肚子你竟點燃了茅草屋……現在，我們只能在路上等到天亮了。」

天亮的時候，牠們開始朝著甘卡孀子家走去，牠們直接來到大門口。

「門，請你打開！」小狼命令說。

讓狼吃驚的是，門自己打開了，牠們走了進去。在房間裡，小狼崽又對房門說：

「房門，請你關上！」

這時，門又自己閉上了。牠們兩個一口氣偷偷地吃掉了甘卡孀子藏在床下的所有雞蛋。

接著，小狼對叔叔說：「叔叔，到時間了，我們該離開啦！」

貪得無厭的狼回答：「哦，你這個厚顏無恥的小傢伙！……我還沒有吃飽，更何況袋子裡還有些雞蛋。」

「我要走了，現在我要離開了。」小狼崽走出茅草屋對門說，「門，請你關門！」

房門關上之後，小狼便離開了。在屋子裡的狼獨自享用著雞蛋。

就在這時，甘卡孀子回到了家。狼聽到動靜後立即躲在門後。母雞甘卡在門外命令說：「房門，請打開！」

接著，狼叔叔在門裡面對門說：「房門，請關上！」

就這樣，牠們僵持了幾個小時。

「門，請打開！」

「門，請關上！」

「門，請打開！」

「門，請關上！」

「門，請打開！」

「門，請關上！」

正在屋門打開和關閉的時候，母雞甘卡大聲說：

「房門，請打開！」

接著，屋門打開了。狼先生立即跳起來鑽到床下面。甘卡孀子走進茅草屋把買好的東西放在桌子上，並命令門關上。然後，牠想躺在床上好好休息。非常勞累的牠躺在床上輾轉反側，一會兒在床前，一會兒又在床尾。突然，牠「噗」一聲放出一個臭屁。

「哦，我的天啊！你的屁太臭啦！」

甘卡孀子驚奇地問道：

「誰在我的家裡啊？現在我就要知道誰在我的家裡！」

甘卡孀子拿出一把劍掀起床墊，狼嚇得跑到門後說：

「門，請打……」但是，甘卡孀子的飛劍沒有讓牠說完「開」字！

甘卡孀子用劍劃開狼的肚子 —— 雞蛋都在牠的肚子裡，只不過已經變成熟雞蛋了。因為狼飢餓的胃裡有一種比火爐散發的熱量還高的熱量。

狼、小狼和甘卡孀子

狼和狐狸

（安哥拉）

狼有一隻公山羊，狐狸則有一隻母山羊。狐狸前去請求狼讓牠的公羊和自己的母羊孕育新生命。

後來，狐狸的母山羊生下兩個小羊羔。狼請求狐狸把小羊羔放在自己家裡養育，牠說小羊羔是屬於自己的。因為，牠們是自己那隻公山羊的後代。狐狸回答說：「不行，小羊羔是我的。牠們是母山羊生育的孩子。」

狼卻堅持認為小羊羔屬於自己。狐狸便將此事告訴了獅子國王。獅子國王是這片森林的主人，牠說：「明天上午，我會召集所有的動物商討這件事情。」

第二天上午，大家聚集在一起準備開始商議，狼和狐狸也站在了大家的面前，這時，有人發現烏龜先生不在會議現場。

牠們只好等著牠。等了一會兒，大家才看到烏龜先生從遠處爬過來。狼對烏龜說：「哦！帶殼的傢伙，你為什麼遲到這麼長時間？大家都在這裡等著你。」

烏龜回答：「因為我的父親要生孩子了，我得照顧牠……」

「嘿！你到底在說什麼啊？你的父親也能生孩子嗎？難道牠是一個女人嗎？」狼先生帶著譏諷的語氣說。

在場所有的動物都說：「啊！原來男人是不能生孩子的。」

最終，大家一致裁定狼沒有任何道理索要小羊羔，這些小羊羔歸屬狐狸所有；因為一頭公羊是不能生孩子的。

狼輸給了對手，於是牠掃興地離開了。

穆孔巴產下的雞蛋

（聖多美和普林西比）

母雞穆孔巴生活在一片森林裡，牠把自己的雞蛋放在河流源頭附近的巢穴裡。每天牠都會下一個雞蛋，而且每次下完蛋後牠會高歌幾句：「我是我，我就是我，沒有誰和我一樣。」

一天，動物們聚集在一起，牠們想知道穆孔巴為什麼總是用那種方式唱歌，牠們決定讓一條名叫恩達卡坎達的蛇到牠的巢穴裡去一探究竟。當蛇到了母雞穆孔巴的巢穴時，並沒有看到巢穴的女主人 —— 牠剛剛外出去尋找食物。

於是，蛇蜷縮在母雞的巢穴裡，用牠發光的眼睛看著流淌的河水。

當母雞回來的時候，牠看到一條發著光的蛇盤踞在自己的巢穴上。牠說：「哎呀，我的上帝啊！我到底做錯了什麼事情？為什麼一條蛇盤在我的雞蛋上呢？」

牠不知道該怎麼辦，就跑去求見老虎陛下，牠對老虎說：「陛下！我尋找食物回來時，看見一條名叫恩達卡坎達的蛇盤在我的雞蛋上。請你告訴我，我該如何對付牠。如果你

認為我在撒謊，可以跟我一起去看。」

老虎回答道：「問題在於你自己。每天上午，我都會聽到你在唱歌。告訴我，你是不是經常唱歌啊？」

母雞穆孔巴回答：「我喜歡唱歌：我是我，我就是我，沒有誰和我一樣。」

老虎陛下說：「你不應該那麼唱歌，你應該這樣去歌唱：我們是我們，我們就是我們，沒有誰和我們一樣。當你唱『我是我，我就是我，沒有人和我一樣』的時候，你不覺得自己是在侮辱其他動物嗎？難道，你以為只有你生活在這片森林裡？現在，你必須知道有很多不同種類的動物在這裡生活，甚至，我也認不清所有的動物。你去唱：我們是我們，我們就是我們，沒有誰和我們一樣。接著，你看看那隻盤踞在你巢穴上的蛇會怎麼樣。」

當穆孔巴回到自己巢穴旁時，牠唱道：「我們是我們，我們就是我們，沒有誰和我們一樣。」

蛇聽到這歌聲「我們是我們，我們就是我們，沒有誰和我們一樣」後，抬起頭離開了母雞的巢穴。

接著，母雞穆孔巴回到自己的巢穴，牠坐在雞蛋上一直到蛋被孵化。後來，牠帶著自己的孩子們搬到了其他的地方。

所以，我們應該學會說「我們是我們，我們就是我們，

沒有誰和我們一樣」；不要自私地說「我是我，我就是我，沒有誰和我一樣」自大的話。

前者是一個團結的口號。

小夥子們和老頭、驢子

（維德角）

從前，一個男人和他的三個孩子居住在一座大山的山頂上。有一天，男人不幸去世了，三個小夥子沒了依靠，他們只得下到山下的村子中找生活。

當小夥子們來到村子時，三個人互相看著說：「我們進村子吧！」他們把之前砍的三捆木柴也帶到了村子裡。

村民們看到三個人帶來的禮物非常高興，他們擁抱三兄弟，並給了他們一些食物。

當小夥子們決定離開的時候，村民們問：「你們現在就要走，不來參加我們的節日派對嗎？」

小夥子們回答：「當然來參加你們的節日派對！我們向大家保證，我們得為節日準備一桌豐盛的餐食；雖然，我們沒有錢買東西！」

其中長著小鬍子的哥哥說：「我準備一些酒！」

另一個說：「我弄一些肉！」

第三個小夥子說：「我準備一些木薯！」

若昂・恩里克先生年紀大了，他是居住在火島上的老商人。

承諾提供白酒的小夥子拿著一個空瓶子跑到海邊，把空瓶子裝滿海水。然後，他來到老商人的商店裡問：「先生，您這裡有白酒嗎？」

商人拿出一個裝滿白酒的大瓶子。小夥子打開瓶蓋，聞著白酒的香味對老商人說：「我要在這裡等幾個人來，我們要一起出去辦事。」

接著，他在店裡停留了一會兒，並假裝在那裡焦急地等待著某人。

年邁的老商人已經完全忘記了小夥子還在自己的商店裡，突然，小夥子對他說：「現在我要離開了，只不過我不能帶走這瓶白酒啦。」

在老商人弄明白之前，小夥子將裝有海水的瓶子和裝有白酒的瓶子調換了，他把裝著白酒的瓶子帶走了，而把那瓶裝著海水的瓶子留在了商人的櫃檯上。

他回到家裡對自己的兄弟們說：「小夥子們，我準備好白酒啦！」

另一個兄弟等到天亮後說：「我也去找食物了！」

他走在路上看到一個男人拿著十二隻母雞，他對男人說：「那些母雞是要售賣嗎？」

男人回答：「是！這些雞都是要賣的！」

小夥子立刻對他說：「神父先生命令我買十二隻母雞，因為，今天晚上主教先生要來吃晚飯，我把你帶到神父家去吧。」

當他們抵達教堂的時候，他讓男人在外面等一會兒；而他獨自走進教堂，走到一位神父的面前說：「神父先生，一個男人來到了這裡。他的身體裡有一個魔鬼，請求你把魔鬼從他的身體裡驅除！」

神父回答說他晚上做彌撒時，會幫那個男人驅除身體中的邪魔。小夥子來到教堂外面對男人說，等神父做完彌撒後便會出來支付母雞的費用，接著，他抓著十二隻母雞離開了。當神父做完彌撒時，男人要求神父支付十二隻母雞的費用。

神父覺得非常奇怪，他說自己根本不知道什麼費用，男人也非常生氣，開始大聲地嚎叫。神父以為是他身體內的邪魔在作怪，就開始為他祝福，為他祈禱，並用鞭子抽打他。接下來，男人逃跑了。

當這個小夥子拿著十二隻母雞到家的時候，第三個兄弟說：「我要去找木薯啦！」

他來到一個叫夢迪尼奧的地方，並且躲藏了起來。過了一段時間，他看見一個老邁的男人牽著一頭毛驢，毛驢馱著

一袋乾木薯粉走了過來。

小夥子慢慢地靠近毛驢，把綁在毛驢脖子上的繩子解了下來，然後，系在自己的脖子上。他安靜地走在老者的身後，脖子上拴著繩子。毛驢則按他預想的那樣站在一棵大樹下吃草。

走了一段路後，小夥子不走了。老頭拉不動繩子，他奇怪地說：「我的毛驢怎麼了啊？」

那時，假裝成毛驢的小夥子對老頭說：「我和你在一起很長時間了，難道，我不能變成人類嗎？」

老頭扭頭一看，嚇得目瞪口呆。小夥子趁機快速地逃跑了！

小夥子返回樹下，找到毛驢和毛驢馱的木薯粉袋子，接著他把牠們帶回家開始為盛大的節日做準備！

節日當天，大家圍聚在篝火旁邊，三個小夥子邊跳邊說：「疥瘡在火上，健康在身體裡！」

帶回家的驢子很瘦，飢餓的牠吃光了附近所有的青草。於是，三個小夥子給可憐的老頭送去一個消息，讓他前來找回自己的毛驢。

老頭弄丟了毛驢、木薯粉，回到家後他被自己的妻子大聲責罵。所以，能找回自己的毛驢他十分高興。

當老頭看到毛驢的時候說：「可是，你是我那頭毛驢

嗎？」

　　毛驢非常生氣地轉過身對老頭說：「你以為我是誰啊？」

　　聽到這話，老頭嚇得趕緊離開了。他把毛驢留在那裡，再也沒有回來找過牠。

鬣狗、野兔和膠水

（幾內亞比索）

　　有一天，鬣狗和野兔約定各自去養魚。野兔把自己養魚的地方選在一片沼澤地裡。鬣狗把自己養魚的地方選在一個水塘中。

　　早上，野兔起床去看自己的魚塘，當牠抵達沼澤地時，對小魚不管不問，卻跑到旁邊的稻田裡去捕捉青蛙。然後，牠來到鬣狗的魚塘邊，看到魚塘裡全是魚。野兔便將自己捕捉到的青蛙放在鬣狗的魚塘裡。

　　又做了幾件事情後，牠跑回了家裡。隨後，牠來到鬣狗家的門口敲門，叫牠一起去養著花斑魚的魚塘。鬣狗在房子裡回答說：「現在天已經亮了嗎？」

　　「當然！」兔子回答。

　　「那我們一起去吧。」鬣狗說。

　　牠們兩個首先來到野兔的魚塘。鬣狗驚奇地說：

　　「你魚塘裡的魚已經滿了！」其實在此之前，野兔把鬣狗魚塘裡的魚全部抓到了自己的魚塘裡。所以，當牠們來到鬣狗的魚塘時，卻只看到一隻隻青蛙。就這樣，野兔每天都

303

將對方魚塘裡的魚抓到自己魚塘中，並把青蛙放入對方魚塘中，所以，鬣狗在自己的魚塘中看到了越來越多的青蛙。很多天過去了，直到有一天，鬣狗非常生氣地問野兔說：「誰能教我怎麼養好魚呢？」

野兔說：「你知道自己該做什麼嗎？你該先去找一個摩爾人問問。」

天還沒亮，鬣狗便前去諮詢摩爾人。摩爾人這樣對牠說：「你去找一些膠水，再去找一個木棍，把膠水塗抹在木棍上。然後，在木棍上覆蓋上遮蓋物……」

就這樣，鬣狗按照摩爾人的方法去做了：把一根塗滿膠水的木棍插在魚塘中。

早上，野兔又早早來到鬣狗的魚塘裡。天還黑著，牠看到水裡有一個人影，便說：「魚塘裡好像有一位阿姨，但是，牠真的是一個人嗎？喂！原來你也每天到這裡抓魚！」

沒人回答牠。

當然，野兔不知道這是鬣狗設下的陷阱。牠跳進魚塘裡朝著木棍游去，牠手指著木棍說：

「嘿，如果你不說話，我會打你一耳光。」

塗滿膠水的木棍依舊保持沉默，並且直直地站在那裡。

野兔打木棍一耳光時，手被膠水黏住了。野兔繼續說：「啊，你竟然還敢抓我，我還有另外一隻手呢！」

　　牠又打了一巴掌，另一隻手也同樣被黏在木棍上。

　　「你以為我沒有其他辦法制服你……」野兔說。

　　接著，牠用自己的頭用力地頂了一下木棍，然後，牠大叫道：

　　「啊啊啊！」但牠仍然堅持說，「你以為我沒辦法了嗎？」

　　野兔又用自己的胸部用力地撞擊牠，結果牠的上身也被黏在木棍上。隨後，牠又踢一腳 —— 腳也被黏住，又踢一腳 —— 另一隻腳也被黏住。野兔整個身體被黏在木棍上了。

　　上午，當鬣狗抵達自己魚塘的時候，牠大聲地感嘆著對野兔說：「原來每天偷魚的人就是你！你把從這裡抓的魚帶到你的魚塘裡，然後再把青蛙放到我的魚塘裡。不過，你還是被我擒獲啦！」

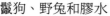鬣狗、野兔和膠水

出生在火裡的兔子

（幾內亞比索）

　　很久以前，有個鬣狗有一塊花生地，松鼠總是叫上野兔一起去那裡偷花生。

　　一天，鬣狗出門遛彎，回來後發現自己的花生竟然丟了一大半。從那時起，牠什麼都不做了，專門尋找偷東西的賊；同時，牠製作了一個套環放在小偷的必經之路上。

　　不過，野兔很聰明，每次偷花生時牠總是小心翼翼的。當牠發現放在路上的套環時，牠對松鼠說：

　　「嘿！你看到了嗎？鬣狗想要抓住我們，還在路上安放了一個套環。我們必須另走一條路。現在，我們去找通往花生地的新路。」

　　就這樣，牠們兩個找到了一條新路。牠們又開始吃花生了，大口地吃花生……

　　突然，牠們看到鬣狗正慢慢地向牠們靠近！

　　等到鬣狗快要走到牠們身邊時，牠們立即起身逃跑了。

　　野兔非常聰明，牠把鬣狗放在路上的套環繩子弄得很

脆。第二天，牠又來了，而且還帶來一位歌手。

牠和歌手約定當鬣狗出現的時候，歌手開始唱：

你受傷了，

舉起你的手，快跑吧！

鬣狗會抓住你，並把你殺掉。

投降後，快跑吧！

你受傷了，

舉起你的手，快跑吧！

鬣狗會抓住你，並把你殺掉。

投降後，快跑吧！

當鬣狗出現的時候，歌手開始放聲歌唱──歌手也是一隻松鼠。野兔開始奔跑，碰巧牠的腳踩在套環裡！牠的腳立即被套環套住了，眼看要被生擒了；但是，那個套環的繩子早已非常脆了，野兔用力地拉扯著繩子，很快，繩子被拉斷了！牠擺脫套環消失得無影無蹤。

又過了一段時間，野兔又出現了。鬣狗製作了另一個套環，牠把棉花扭在一起製成一條繩子，但這樣的繩子太不結實了。野兔看到歪七扭八的棉花繩子，牠對歌手說：「好啦，你可以繼續彈奏那首歌。」

野兔再一次逃跑時，牠把一隻腳故意放在套環裡。瞬間，套環抓住了牠。野兔等到滿心歡喜的鬣狗近在咫尺時，

輕輕一拉繩子，繩子就斷開了，牠又順利地逃走啦。

備受打擊的鬣狗想啊，想啊……一天，牠找來一根鐵絲做成套環，然後，在鐵絲上纏繞上厚厚的棉花，又將牠放在野兔的必經之路上。

野兔抵達設下圈套的地方，只瞄了一眼便說：「嘿！今天這條繩子會斷得更快，牠一點韌勁也沒有。我要等鬣狗走到自己身邊再開始逃跑。」

野兔和松鼠開始在田地裡吃東西。一直到鬣狗已經站在牠們眼前時，松鼠才急忙逃跑了。傲慢的野兔主動把自己的腳放進套環中，當牠準備弄斷套環時才發現自己被一根鐵絲牢牢地綁住了。哎！牠用盡力氣也沒有掙脫鐵絲製成的套環……鬣狗走近牠，用手抓住牠說：「小姪女！你抓到你啦。」

野兔回答說：「嬸子，你說的是大實話！」

鬣狗說：「好啊，我們走吧。」

當牠們回到鬣狗家的時候，鬣狗把野兔捆綁得結結實實的，扔在地上。鬣狗家裡存放了很多乾柴，牠點燃了牠們，然後鬣狗拎起野兔要把牠放在火上。野兔笑嘻嘻地問：「嬸子，現在你帶我去哪裡啊？」

「我要把你放在那堆火上，這可是我特意為你準備的。」

「嘿！沒必要這樣麻煩！如果你了解我，就不會做這些無

309

用的工作了。你仔細看我的眼睛，牠們是紅色的。你看到了嗎？」

「是啊。」鬣狗回答。

「這是因為我出生在火裡。你把我放在火上對我不會有任何作用。你應該把我放在露天的草地上，那裡才是我生命的終點。」

愚蠢的鬣狗聽了野兔的話，沒有把兔子放在火堆上，而是把牠放在了草地上。野兔一到了草地上立刻跳起來逃跑了。

牠邊跑邊高興地對鬣狗說：「嬸子，我們改天再見。」

小狗從什麼時候起不再說話

（幾內亞比索）

桑‧法麗和順‧弗雷弗雷是一對關係不怎麼和諧的夫妻。

有一天，順‧弗雷弗雷帶著自己忠實的小狗洛洛前去打獵。他捕獲了很多獵物。

怎麼才能一次性地把所用沉重的獵物運送到家裡呢？順‧弗雷弗雷坐在一塊石頭上思考著。這時，洛洛搖著尾巴對他說：「順‧弗雷弗雷，如果你願意保守祕密的話，我會幫助你的。但你一定要閉上自己的嘴巴，不能和任何人說。」

「洛洛，這也算祕密嗎？為什麼呢？」

「如果桑‧法麗知道我能運輸東西的話，她會布置給我永遠也做不完的運輸工作。」

「好吧，洛洛，你放心，我一定會閉上自己的嘴巴。」

「你也不能和別人說我會講人類的語言。」洛洛滿心擔憂地強調。

「朋友，你可以完全放心……」

洛洛獨自背著獵物回到了家裡。那個時候，桑‧法麗正

在小河邊洗衣服。

當弗雷弗雷到家的時候，妻子問他：「弗雷弗雷，你一個人是怎麼把這麼多的東西揹回來的？是誰在幫助你啊？」

「是我自己一個人揹回來的！」

桑‧法麗覺得難以置信，她認為這根本不可能。

「我說過獵物是我自己揹回來的！」丈夫的回答簡潔明瞭。

法麗依舊非常固執，她威脅丈夫說，要讓他把所有的東西一個人全部背到居住在森林裡的娘家去。

順‧弗雷弗雷撓著頭仔細思量著 —— 獨自一個人把東西背到森林裡實在太困難了……

最終，他說出了一切：「我們的小狗洛洛幫我搬運了沉重的獵物。」

洛洛聽到了他的話，開始不停地呻吟。牠在院子裡轉了兩圈，然後趴在爐子的灰燼上。

從那時起，所有的狗和牠們的後代都不再講話了。

奸詐的烏龜

（聖多美和普林西比）

　　烏龜的日子過得很差勁，牠總是欺騙身邊的人，也就是說，牠在不停地製造敵人。

　　一天，牠走進王宮對國王說：「你好，你好！」

　　「烏龜？！現在請你立即滾出去！這裡不歡迎你。」

　　「你不歡迎我，任何人和任何動物都不歡迎我；特別是在牠們吃東西的時候。」

　　「倒楣蛋，你快滾！」

　　烏龜走出宮門，卻坐在樹蔭下的小板凳上不肯離去。

　　「烏龜，你要在這裡等死嗎？」

　　「我在這裡等待屬於我的機會。」

　　「那你可能得等到死。」

　　「你看那些母雞，牠們從來不缺少食物嗎？」

　　「混帳烏龜！在我的雞舍裡，母雞可以吃到非常好的食物。在這裡，牠們不會挨餓。」

　　烏龜沉默了一會兒，然後牠開始說：「你願意和我打賭

嗎？那些雞會吃我餵給牠們的東西。如果牠們不吃，你可以命人立即殺掉我。」

「如果牠們吃了你的東西呢？」國王問道。

「如果吃了我帶的食物，那麼，我要住進你的王宮。」

「你瘋了嗎？」

「如果我贏了，請把你的女兒嫁給我做妻子。」

國王大聲地笑起來，他命令大家聚集在王宮內。他要讓烏龜付出應有的代價。

他命令僕人們帶著裝滿玉米和飲料的大籃子去雞舍裡餵飽所有的母雞，然後再將母雞帶來。

大家都坐著等著。僕人們帶來的母雞吃得飽飽的，牠們只想趴在地上睡覺，即便是在大白天 —— 國王的母雞們早已經不知道如何飛上雞窩了。

烏龜拿出一個大籃子，籃子裡有幾根木棍，木棍已經腐朽了，每個朽洞裡都有好多的蟲子。烏龜大搖大擺地把手中的棍子咚咚地扔在地上。母雞們被這聲音吵醒了，很久沒有吃到蟲子的母雞們飛奔過去開始享用蟲子大餐。

揚揚得意的烏龜極其高興地說：

「我的貧窮日子到此結束了！現在，我有吃不完的母雞和各式各樣的食物……我將成為國王的女婿啦！」

歌唱的公雞

(聖多美和普林西比)

傳說在很久以前，聖多美是世界上所有公雞的避難所。

島上到處都是公雞，幾乎任何時間都可以聽到公雞的叫聲，弄得小島上好像總是在舉行盛大的節日派對。

可是，樂極生悲。

公雞們幾乎霸占了整座島嶼，牠們已經忘記自己並不是小島上唯一的居民。

一些人非常喜歡公雞，因此他們支持公雞們的叫聲。

另一些人則持相反的態度。他們認為公雞的叫聲非常刺耳，所以，他們對公雞十分厭惡，且已經不能再忍受如此吵鬧的叫聲。於是這部分人令一個信使給公雞們帶去以下消息：我們建議你們定居在距離我們很遠的地方。不然，在四十八小時內我們兩個部落將會發生一場戰爭。勝利的一方將會永遠留在這裡。

公雞們非常有禮貌，牠們選擇了第一種方式。牠們立即召開會議決定選出一個國王，讓牠帶領牠們處理棘手的問題。最終，牠們選出一隻很大的黑公雞做自己的領袖。

　　牠們開始準備大遷徙。

　　經過漫長的尋找之後 —— 一年的時間 —— 牠們終於找到一個如意的地方。這裡非常適合公雞們建造家園，隨後，牠們便定居在那裡。

　　從那時起，從南到北，由西向東，人們再也聽不到公雞的叫聲了。但是在某些地方，人們可以在固定的時間聽見公雞的打鳴聲。

　　所以，島上的居民仍然認為聖多美是公雞們定居的地方。

火島人永遠有道理

（幾內亞比索）

　　一個鄉下男人來到城裡，他在他的口袋裡裝著一個菸袋鍋。在返回農村之前，他一直坐在沙瓜特的大橋上一邊抽菸一邊等待他的好朋友。當他的朋友抵達後，兩個人開始踏上次家的路。

　　他們走啊，走啊，走啊，直到他們走到村口時，男人想抽口煙，從袋子裡拿出菸絲，但是，他卻沒有找到菸袋鍋子。因為，他在城裡購買了很多東西——糖、餅乾、米、魚、洋蔥、煤油——這些東西把袋子撐得滿滿的。

　　男人對自己的好哥們說：「我的菸袋鍋可能掉在沙瓜特橋的橋底下了，也可能在我的袋子的底部。」於是，他朝著城裡的方向走去。走啊，走啊，終於到達了沙瓜特大橋。他在橋下找尋之後沒有發現菸袋鍋。隨後，他徹底搜尋了一次自己的大袋子，當他找到菸袋鍋子的時候，他說：「我不是和好朋友說過了，菸袋鍋不是在橋底下就是在袋子裡嗎？」

火島人：是對非洲維德角人的一種通俗的稱呼。

火島人永遠有道理

318

小女孩幾內亞

（幾內亞比索）

曾近，一位母親有一個非常漂亮的女兒，她比太陽還要美麗。糟糕的是，母親看到她後卻不再像以前那樣愛她了。

嫉妒讓母親的心遮住了燦爛陽光。從那天起，她禁止其他人見自己的女兒，同樣，她也不允許他們喜歡自己漂亮的女兒。就這樣，過了很長時間。

母親害怕失去她唯一的女兒，因為女兒也是上天賜給她唯一的家人。她決定把女兒藏到一個全世界都找不到的地方。於是，這個名叫幾內亞的小女孩被母親帶到山洞裡藏了起來。

在那裡，母親艱難地和女兒度過了七年又七天的時間。

她對自己的女兒說：「女兒，你要留在這裡，我這樣做都是為你好。山洞的大門永遠不要為這個世界的任何人打開，除非你聽到我的歌聲。」這是一扇有魔力的大門，一塊大石頭遮住了山洞口，只有魔咒才能把牠打開。就這樣，幾內亞每天都會收到母親給她送來的食物和水。

每天早晨在太陽昇起之前，每天黃昏在太陽下山之後，母親都會用自己的歌聲告訴幾內亞她來送食物了。

她這樣唱道：

幾內亞，幾內亞，幾內亞，
開門，開門，
開門，開門。
誰在白天來到這裡？
誰在黑夜來到這裡？
幾內亞，幾內亞！

太陽得知幾內亞被關起來後很擔心，他燦爛的陽光已經很長時間沒有照耀在小女孩幾內亞的身上了。每天，他從天空中升起來後就開始在世界的每個角落裡尋找小女孩幾內亞的蹤跡。大家卻都回答說，他們從未見到漂亮的女孩子。

太陽問大海：「大海，你有看到一個非常漂亮的女孩嗎？」

大海回答說：「如果她比我的海浪還要美麗，你可以去問天空中的雲彩。」

接著，太陽轉身問白雲：「親愛的白雲，你有看到一個非常漂亮的女孩嗎？」

變幻的雲彩以為自己是世界上最漂亮的，她回答說：「太陽先生，我沒有看見，如果你不是在找我的話⋯⋯」

就這樣，太陽每天過著尋找小女孩的日子。每天結束時，太陽都會感覺非常疲憊，回到大海深處巨大的床上。第二天，他又會早早起床重複著同樣的工作。

電子書購買　　　爽讀 APP

國家圖書館出版品預行編目資料

膽小的王子：從山脈到荒原，那些來自非洲大
陸的奇聞軼事 / 尚金格 著 . -- 第一版 . -- 臺北市
：崧燁文化事業有限公司 , 2024.07
面 ；　公分
POD 版
ISBN 978-626-394-484-8(平裝)
1.CST: 民間故事 2.CST: 非洲
539.56　　113009155

膽小的王子：從山脈到荒原，那些來自非洲大陸的奇聞軼事

臉書

作　　　者：尚金格

發 行 人：黃振庭

出 版 者：崧燁文化事業有限公司

發 行 者：崧燁文化事業有限公司

E - m a i l：sonbookservice@gmail.com

粉 絲 頁：https://www.facebook.com/sonbookss/

網　　　址：https://sonbook.net/

地　　　址：台北市中正區重慶南路一段 61 號 8 樓

8F., No.61, Sec. 1, Chongqing S. Rd., Zhongzheng Dist., Taipei City 100, Taiwan

電　　　話：(02) 2370-3310　　　傳　　　真：(02) 2388-1990

印　　　刷：京峯數位服務有限公司

律師顧問：廣華律師事務所 張珮琦律師

定　　　價：450 元

發 行 日 期：2024 年 07 月第一版

◎本書以 POD 印製

Design Assets from Freepik.com